LE

LIBERTIN

DE QUALITÉ.

LE
LIBERTIN
DE QUALITÉ,

OU

LA CONVERSION.

Par le Comte de Mirabeau.

ec Figures en taille-douce.

NOUVELLE ÉDITION.

TOME PREMIER.

A PARIS.

1801.

LE LIBERTIN

DE QUALITÉ.

Jusqu'ici, mon ami, j'ai été un vaurien; j'ai couru les beautés, j'ai fait le difficile : à présent la vertu rentre dans mon cœur; je ne veux plus foutre que pour de l'argent; je vais m'afficher étalon juré des femmes sur le retour, et je leur apprendrai à jouer du cul à tant par mois.

Il me semble déjà voir une dondon. qui n'a plus que six mois à passer pour quarantaine, m'offrir la molle épaisseur d'une ample fressure. Elle est fraîche encore dans sa courte grosseur; ses tetons rougissans d'une substance trop abondante, sont d'accord avec ses petits yeux pour exprimer toute

1..

autre chose que la pudeur; elle me patine la main : car la financière, comme son mari, patine tout et toujours; je rougis : ah! voyez comme cela me va, comme mes yeux s'animent, comme mon pucelage m'étouffe; car vous noterez que j'ai mon pucelage, et que je cherche à me faire élever. On m'offre plus que je ne veux; les agaceries sont de vraies orgies.... Foin, je ne bande point... Je deviens triste, mes malheurs me tourmentent; des créanciers avides.... Pendant ce temps-là, ma main erre ; elle s'anime : quelle légèreté ! comme la cadence est brillante ! ma voix exprime l'adage, mon archet est l'organe d'un *presto* vigoureux et soutenu. Ah ! mon ami, voyez le cul de ma dondon , comme il bondit... Sa poitrine siffle, son gosier se serre, son c... décharge , elle est en fureur, elle veut m'entraîner.... Là, là, tout doux.... La douleur me ressaisit.... On me fait des offres : hélas ! comment se résoudre à accepter d'une femme à qui on voudrait témoigner le sentiment le plus pur ! On redouble ; je pleure : l'or paraît.... L'or !... Sacredieu ! je bande et je la fous.

Mais ma chaste dondon en paie plus d'un ; aussi bientôt après ma facile victoire, je me fais présenter chez madame *Honesta* (famille presque éteinte). Tout y respire la pudeur et l'honnêteté ; tout prêche l'abstinence, jusqu'à son visage, dont la tournure, quoique assez piquante, n'a cependant aucun de ces détails qu'inspirent la tendresse. Mais elle a des yeux, de la physionomie, une taille qui serait trop maigre, si toute l'habitude du corps ne s'y proportionnait pas. Je ne louerai pas sa gorge, quoiqu'une gaze qui s'est dérangée m'ait permis d'entrevoir dans le lointain ; ses bras sont un peu longs, mais ils sont flexibles : on pourrait souhaiter une jambe plus régulière ; telle qu'elle est, un joli pied la termine. Nous avons les *grands airs*, des *nerfs*, des *migraines*, un mari que l'on ne voit qu'à table, des gens discrets, de l'esprit bizarre, capricieux, mais vif ; mais quelquefois ne ressemblant qu'à soi.... Pardieu ! allez-vous me dire que celle-là ne vous paiera pas ?... O que si ! parce qu'elle est vaniteuse, parce qu'elle se pique de générosité, parce qu'elle veut primer.

D'abord, vous imaginez bien que nous faisons du respect, de l'esprit, des pointes, des calembours ; que madame a raison, que tout chez elle est au mieux possible.... Irai-je à sa toilette ? Pourquoi non ?... Je placerai une mouche ; je donnerai à cette boucle tout le jeu dont elle est susceptible....

Un chapeau arrive.... Bon dieu ! les grâces l'ont inventé ; le dieu du goût lui-même en a placé les fleurs, et tous les zéphirs jouent dans les plumes qui le couvrent. Comme cette gaze *Prune-de-Monsieur* coupe avec ce *vert anglais*.... Mais, qui l'a envoyé ?... Vous sentez que je suis le coupable ; et pourquoi un coupable ne rougit-il pas ?... Je suis trahi, déconcerté, boudé.... Victoire, que son emploi de femme-de-chambre, quelques baisers des plus vifs et un louis, ont mise dans mes intérêts, le plaide en mon absence... Ah ! madame, si vous saviez ce que l'on me dit de vous !... Combien ce monsieur est aimable ! Il vaut bien mieux que votre chevalier, et je suis sûre qu'il ne vous coûterait qu'une misère... Il n'est pas joueur, je le sais par son laquais ; c'est un cœur tout neuf. — Mais, crois-tu que je sois assez aimable pour....

— Ah dieu ! madame, comme ce chapeau est tourné ! Vous voilà à l'âge de vingt ans. — Tais-toi, folle, sais-tu que j'en ai trente et passés ?... (Pardieu, oui, *passés*, et il y a dix ans que cela est public).... Je reviens l'après-midi ; on est seule : pourquoi ne le serait-on pas ? Je demande pardon en offensant davantage ; on s'attendrit, je me passionne ; on se.... (foutre, attendez donc.... Cette femme-là est d'une précipitation à me faire perdre les frais de mon chapeau.) Vous sentez bien que mon laquais n'est pas assez bête pour ne pas me faire avertir que le ministre (ah ! pardieu tout au moins) m'attend. Je jette un coup-d'œil assassin ; j'embrasse cette main qui tremble dans la mienne.... Je me relève et je pars.

Pendant ce temps-là je fais connaissance avec une de ces femmes qui, blasées sur tout, cherchent des plaisirs à quelque prix que ce soit. Elle me fait des avances, parce que son honneur, sa réputation, la bienséance.... Tout cela est aussi loin que sa jeunesse. Nous sommes bientôt arrangés ; elle me paie ; car je ne veux sacredieu pas déchar- ger... Mon infante le sait ; les tracas- series viennent. Ah ! doux argent ! je sens que ton auguste présence !... En- fin on se détermine ; il y a déjà quinze mortels jours qu'on languit. Je fais en- tendre, modestement, que la recon- naissance m'attache, que j'ai des obli- gations d'un genre..... N'est-ce que cela ?... On me paie au double ; et dès- lors je suis quitte avec ma messaline : je vole dans les bras qui m'ont comblé de bienfaits nouveaux, et je goûte... non pas du plaisir... mais la satisfac- tion de prouver que je ne suis pas in- grat.

Las ! que voulez-vous ? Quand on a

engraissé la poule, elle ne pond plus;
les honoraires se ralentissent, et je
dors. — Comment, tu dors? — Oui,
la nuit, et qui plus est le matin... Ce
matin chéri qui anime l'espérance, qui
éclaire les combats amoureux. On se
plaint; je me fâche; on parle de procédés, d'ingratitude, et je démontre
que l'on a tort, car je m'en vais.

Dieu Plutus! inspirez-moi !.... Un
dieu m'apparaît; mais il n'est point
chargé de ses attributs heureux : c'est
le dieu du conseil, le diligent Mercure;
il me console, et m'envoie chez monsieur Doucet. Vous ne le connaissez
sûrement pas : or, écoutez.

Une taille qu'une soutanne et un
manteau long font paraître dégagée;
un visage qui rassemble la maturité de
l'âge, l'embonpoint et la fraîcheur, des
yeux de lynx, une perruque adonisée,
l'*esprit* en a tracé la coupe; sa physio-

nomie ouverte, mais décente, répand
l'éclat de la béatitude; il ne se permet
qu'un sourire, mais ce sourire laisse
voir de belles dents.... Tel est le direc-
teur à la mode : troupeaux de dévotes
abondent, les consultations ne taris-
sent pas.

Mais il existe des privilégiés, de ces
femmes ensevelies dans un parfait quié-
tisme de conscience, et dont la charnière n'en est que plus mobile. Le père
en dieu cache sous un maintien hypocrite une âme ardente, et de très-belles
qualités occultes... Vous vous doutez
bien que c'est à ces femmes qu'il faut
parvenir. Je m'insinue donc dans la
confiance du bonhomme, je lui découvre que je suis presque aussi tar-
tuffe que lui : il m'éprouve; et quand
toutes ses sûretés sont prises, il m'introduit chez madame ***.

C'est là que la sainteté embaume,

 2

que le luxe est solide et sans faste, que tout est commode, recherché sans af-fectation... Mais quoi! un jeune homme chez une femme de la plus haute ver-tu!... et justement; c'est afin de ne pas perdre la mienne; car vous noterez que je dois en avoir au moins autant que d'impudence. Mes visites s'accu-mulent, la familiarité s'en mêle, et voici une des conversations que nous aurons, j'en suis sûr.

A la sortie d'un sermon (car j'irai, non pas avec elle, mais je serai placé tout auprès, les yeux baissés, jetant vers le ciel des regards qui ne sont pas pour lui). A la sortie d'un sermon du-quel elle m'a ramené, je commencerai par la critique de toutes les femmes rassemblées autour de nous. Notez que les questions viennent de ma Béate. — Comment avez-vous trouvé madame une telle? — Ah! bon dieu! elle avait un pied de rouge. — Pourtant elle est jolie. — Elle aurait de vos traits, si elle ne les défigurait pas ; mais le rouge... Cependant je lui pardonne ; elle n'a ni votre teint, ni vos couleurs (croyez-vous qu'à ces mots elles n'augmenteront pas ?) : Par exemple, la comtesse n'était pas habillée duement. — Du dernier ridicule, elle montre une gorge ! — Et quelle gorge ! Je ne connais qu'une femme qui eût le droit d'étaler de pareilles nudités. Au moins nous verrions des beautés (remarquez ce coup-d'œil sur un mouchoir dont les plis laissaient passage à ma vue... Un autre coup-d'œil me punit, et je deviens timide, décontenancé.) Que pensez-vous du sermon ? — Moi, je vous l'avouerai, j'ai été distrait, inattentif. — Cependant, la morale était excellente. — J'en conviens ; mais présenté d'une manière si froide ; une belle bouche est bien plus persuasive. Par exemple, quel effet ne font pas sur moi vos exhortations! Je me sens plus animé, plus fort, plus courageux.... Hélas! vous me faites aimer la vertu, parce que je vous aime... (Ah! mon cher ami, voyez-moi tremblante, interdite; la pâleur couvre mon visage... Je demande pardon... Plus on me l'accorde, plus j'exagère ma faute, afin de ne pas être coupable à demi)... Ma dévote se remet plus promptement; cependant, elle encore émue, elle me propose de lire, et c'est un traité de l'amour de Dieu. Je saisis l'instant, un oratoire est mon boudoir, et je suis heureux.

Mais, l'argent, l'argent : — Foutre un moment; laissez-nous décharger.... Quelle jouissance qu'une dévote! Que de charmans riens! Comme cela vous retourne ! Quel moëlleux ! Quels soupirs!.... Ah ! ma bonne Sainte-

Vierge!.... Ah! mon doux Jésus!....
Ami, sens-tu cela comme moi!....

Mais, l'argent! Ah! me croyez-vous assez bête pour aller faire un marché?.... Nenni..., quelque sot....

Je revois mon caffard, je lui raconte le tout; il est discret; il perdroit trop à ne pas l'être, et c'est lui qui va me servir, bien entendu qu'il aura son droit de commission.

Depuis trois jours, ma dévote en abstinence, n'a eu pour ressource que son godemiché. Le père en dieu arrive;—Hélas! ce pauvre jeune homme! il est encore retombé dans le vice! des femmes perdues l'entraînent : (Quel coup de poignard !)—Ah! mon père! quel dommage! il a un bon fond!—Madame ce n'est pas sa faute, il y a même en lui une espèce de vertu; car il est franc. « Monsieur, m'a-t-il dit, » j'ai des dettes d'honneur, ma cons-

» cience me tourmente; je vais me
» perdre peut-être, je serai la victime
» de mon devoir.... Hélas ! ce qui me
» perce l'âme, c'est de quitter ma-
» dame ***. (Ici elle baisse les yeux.)
» Cette femme est adorable, elle pos-
» sède mon cœur.... N'importe, il faut
» la fuir... Etoile malheureuse ! déplo-
» rable destin ! » Voilà, madame, ce
qu'il m'a dit les larmes aux yeux.—
On me plaint ; on parle d'autre chose,
on revient.... Mais à quoi montent ses
dettes ?—Trois cents louis... Et vous
croyez qu'une femme qui connaît mes
caresses et mes reins, qui est sûre du
secret, qui ne me trouve pas un bu-
tor , qui aime sur-tout les variantes ,
ne me les enverra pas le lendemain.

Je vous vois d'ici faire le moraliste :
*mais cela est odieux ; l'amour pur
et généreux , vous êtes un fripon....*
Foutre, vous badinez ; vous gâteriez

le métier; elle a trente-six ans , j'en ai vingt-quatre ; elle est encore bien ; mais je suis mieux : elle met de son côté du tempéramment et de l'argent, moi de la vigueur et du secret,... Ne voilà-t-il pas compensation ?

D'ailleurs, voulez-vous que je m'acquitte ? je lui fais l'honneur de l'afficher. Elle quitte sa dévotion; je la rends à la société, à elle-même ; elle change d'état, enfin... Non , je me trompe, elle ne change que de robe et de coëffure.

Voilà ma dévote dans le monde, et par mes soins. —Mais il valait bien mieux la laisser dans son obscurité : vous allez la perdre, on vous l'enlèvera.—J'ai d'autres projets peut-être ; son argent est consommé, ses diamans sont vendus , mon caprice est passé.... Vous verrez cependant que pour me faire enrager, elle s'avisera d'être fidelle , il faut que je prenne la peine d'avoir des torts avec elle. — Vous en aurez bientôt.—Non ; car voici ma conclusion. — « Madame, je » ne rappellerai pas vos bontés , elles » me sont chères , et mon cœur aime » à vous avoir des obligations que toute » autre ne m'eût pas fait contracter ; » mais plaignez-moi ; c'est ma recon- » naissance qui me coûtera la vie ; » c'est le soin de votre gloire qui va » détruire mon bonheur. Je vous dois » de cesser des visites qui vous com- » promettraient : hélas ! je sais trop » qu'en prononçant cette séparation » funeste , je dicte mon arrêt. » — Puissances du ciel ! combien vous êtes attestées ! — A force de singeries , je commence à m'attendrir ; ma dulcinée verse tour-à-tour les larmes de la dou-leur et celle du plaisir : ma fuite est combinée par des points d'arrêts sur tous les sophas des appartemens, et c'est à sa dernière extase que je me sauve.

Parbleu, voilà bien des façons. — Pauvre sot ! tu ne vois donc pas que cette femme fait ma réputation pour l'éternité ; je n'ai plus besoin de me vanter, je n'ai qu'à lui en laisser le soin, et je suis le phénix des oiseaux de ces bois. D'ailleurs, je n'ai pas perdu la tête, elle est amie intime de la présidente de ***, et depuis long-temps je lorgne cette riche veuve ; elle ne manquera pas d'être la confidente de ma délaissée, et me croyez-vous assez novice pour n'avoir pas persuadé à celle-ci que ce serait un moyen de nous voir encore ; à l'autre, que je ne quitte madame une telle que pour ses beaux yeux.

Tout réussit à mon gré ;.... mais il faut que je les brouille ;.... allons, discorde, vole à ma voix.... On se pique, on se refroidit, les deux insé-parables ne se voient plus ; la présidente exige que j'embrasse son ressentiment : je me fais valoir . je deviens exigeant à mon tour. Que ne peut le désir de la vengeance ! on se livre à moi pour faire pièce à sa bonne amie.

La présidente a trente-cinq ans, et n'en paraît pas plus de vingt-huit ; elle est bien conservée, mais sans affecta-tion. Ce serait une petite maîtresse, si le jargon ne l'ennuyait pas. Elle a de l'esprit avec les femmes, de la gentil-lesse avec les hommes, beaucoup de retenue dans le public, un ton de femme de qualité, et les dehors im-posans.

Dans le particulier ; je n'ai guère connu de tempérament plus vif, plus soutenu et en même temps plus varié. Ses caresses sont séduisantes, parce

qu'elles sont franches, et vingt fois j'ai
été tenté de l'aimer. Au reste, elle n'est
pas sans défauts, elle a une profonde
vénération pour elle-même; ses déci-
sions sont des oracles, ses préceptes
des lois: je n'ai rien vu de si impérieux.
Il est vrai qu'elle y joint l'adresse, et
que souvent vous croyez faire votre
volonté en ne suivant que la sienne.

Sa société qui nous devine, ne tarde
pas à me fêter, je suis le saint du jour;
elle a de la confiance en moi : rien n'est
bien si je ne l'ai conseillé. Nous passons
ainsi six mortelles semaines. J'oubliais
qu'elle veut être la confidente de mes
affaires. Un jour j'arrive chez elle. Mon
œil est agité. — Mais qu'as-tu donc,
mon ami ? Tu es bien sombre. Quoi !
dis-je (en m'efforçant de sourire) pour-
rais-je apporter chez vous de l'humeur ? — On me persécute, je m'obs-
tine à me taire, j'ai des distractions

que le monde qui abonde pour le souper ne saurait détruire : on me propose une partie, je la refuse, et je sors à minuit en m'échappant.

Voilà qui est bien simple, direz-vous ; qui n'en ferait autant ?.... Je vous le donne en dix : écoutez seulement.

Est-ce que mon laquais, qui est un Crispin des mieux dégourdis, n'a pas eu l'esprit de foutre la femme de chambre pour éviter l'ennui ? Or, ce jour-là, il est presqu'aussi triste que moi, sa charmante le presse autant que la mienne ; et comme il est d'un naturel confiant, il avoue que *la nuit dernière j'ai soupé chez la Duchesse une telle, que l'on m'a fait, malgré moi, tailler un pharaon ;* que le jeu était diabolique, que j'ai perdu énormément, et qu'étant peu riche, je suis étrangement incommodé ; mais, ce qui me tourmente, c'est d'avoir été obligé de mettre en gage le diamant que m'a donné la présidente. Hélas! cette bague précieuse n'a pas même été suffisante avec tous mes bijoux pour dégager ma parole, et je suis sans un sou.

Il retombe ensuite sur lui-même, car le drôle est presqu'aussi coquin que moi : on l'a forcé aussi de jouer, et sa montre est avec mes effets chez madame la Ressouree. La pauvre Adélaïde, qui aime le pendard, tire de son armoire quarante écus, qui composent sa petite fortune et sont le fruit de mes dons. Le scélérat les empoche ; mais il y a bien un autre manège.

J'ai aperçu des chuchotages de la présidente à sa femme de chambre, des allées, des venues : c'est que l'on a conté tout cela à madame ; que madame a fait répéter le tout à mon bandit, et que sur le champ elle lui a remis

 3

cinq cents louis.—Douze mille francs?
—En or , vous dis-je , pour aller tout
dégager et fournir mon supplément....
Quand je sors , je retrouve mon fourbe
dans mon carosse , et nous portons le
magot en triomphe chez moi.—Comment , tout cela n'était pas vrai ? —
Mais d'où diable-viens-tu donc? C'est
incroyable : tu ne te formes point;
mais éguises donc ton intelligence.

Le lendemain à sept heures, en
déshabillé leste , je cours chez la présidente ; une joie douce brille dans ses
yeux ; j'ai son diamant au doigt... je
veux la faire parler; (car vous noterez
que sous peine de la vie , mon laquais
ne doit m'avoir rien avoué), elle me
fait un mensonge avec toute l'adresse ,
toute la noblesse de la générosité ; mais
elle voit bien à la vivacité de mes caresses que la reconnaissance les enflamme ; et que je ne suis pas sa dupe.

Un peu remis de mes transports , je parle de bienfaits; on m'impose silence , en me disant que si l'on avait été assez heureuse pour me rendre un service , j'en ôterais tout l'agrément. Dieu. Comme ma voix est touchante ! Placé vis-à-vis d'elle, mon œil de feu la parcourt et l'épie : je paraphrase, je compose; ce n'est plus un sermon , c'est un Rousseau que je lui débite...

Comment , monstre , tant d'amour et de générosité ne te touche pas ! Si fait , pardieu , et pour lui montrer ma gratitude (un peu aussi pour m'en débarrasser), je la marie avec un homme de ma connaissance qui la rend la femme la plus heureuse de Paris. D'amans que nous étions, nous devenons amis, et je vole, non pas à de nouveaux lauriers , mais à de nouvelles bourses.

Dégoûté de l'amour parfait, de la

jouissance méthodique de la dévote et de la présidente, je languissais tristement, quand mon bon ange me conduisit chez madame Saint-Just (fameuse maquerelle pour les parties fines, rue Ticquetonne), je lui annonce que je suis vacant, et surtout que le diable est dans ma bourse; elle me présente sa liste, parcourons-là :

1°. Madame la baronne de Conbaille... Foutre, voilà un beau nom. Qu'est-ce que cette femme là ? — C'est une petite provinciale qui est venue à Paris dépenser cinquante à soixante mille francs qu'elle amassait depuis dix ans. — En reste-t-il encore beaucoup ? — Non. — Passons : pourquoi cette bougresse-là s'avise-t-elle de prendre un nom de cour ?

2°. Madame de Culsouple. — Combien donne-t-elle ? — Vingt louis par séance. — Paie-t-elle d'avance ? —

Jamais, et puis ce n'est pas votre affaire : elle est trop large.

3°. Madame de Fortendiable. — Tenez, voilà ce qu'il vous faut. C'est une Américaine, riche comme Crésus ; et si vous la contentez, il n'y a rien qu'elle ne fasse pour vous. — Eh bien ! tu me présenteras. — Demain, si vous voulez. — Ici ? — Dans son hôtel même. — Ce nom-là a quelque chose d'infernal qui me divertit. — Je rends la liste, quand, d'un air de mystère, la bonne Saint-Just m'adresse cette exhortation : Mon cher ami, vous avez beau-
» coup vu de jeunesse : qu'y avez vous
» gagné ? la vérole. Pourquoi ne pas
» écouter les conseils de la sagesse ? J'ai
» dans ma main une vraie fortune, une
» vieille. — Le diable te foute. — Eh !
» que votre souhait s'accomplisse ! en-
» core mieux vaut lui que rien ; mais il
» ne s'agit pas de cela, je vous parle

» d'un trésor : fiez-vous à moi, et nous
» la plumerons. — Allons, je le veux
» bien, je m'en rapporte à ta pru-
dence. »

En attendant, je me rends le lendemain à sept heures du soir, chez
une américaine. Je trouve de la ma-
gnificence, un gros luxe, beaucoup
d'or placé sans goût, des ballots de
café, des essais de sucre, des factures;
enfin, un goût de mariné que je n'ai
sacredieu que trop reconnu dans mainte
occasion.

Ce qui me tourmentait, était d'entendre dans un cabinet voisin, une
voix d'homme, dont les gros éclats me
mettaient en souci : enfin, la porte
s'ouvre, qui serait-ce? Ma déesse...
Mais foutre, quelle femme!

Imaginez-vous un colosse de cinq
pieds six pouces; des cheveux noirs et
crépus ombragent un front court, deux

larges sourcils donnent plus de dureté à des yeux ardens , sa bouche est vaste ; une espèce de moustache s'élève contre un nez barbouillé de tabac d'Espagne ; ses bras, ses pieds, tout cela est d'une forme hommasse, et c'est sa voix que je prenais pour celle du mari.

Foutre, dit-elle, à la Saint-Just, où as-tu pêché ce joli enfant ? Il est tout jeune ; mais qu'il est petit ! N'importe, petit homme, belle queue... Pour faire connaissance, elle m'embrasse à m'étouffer... Sacredieu, il est timide. — Oh ! c'est un garçon tout neuf. — Nous le ferons... Mais est-ce que tu es muet ?

— Madame, lui dis-je, le respect ! (j'étais abasourdi,) — Et tu te fous de moi avec ton respect...Adieu, Saint-Just. Ça, ça, je garde mon fouteur, nous soupons et couchons ensemble.

Nous restons seuls, ma belle se plonge sur un sopha ; sans m'amuser à la bagatelle, je saute dessus, dans un tour de main, la voilà au pillage. Je trouve une gorge d'un rouge brun, mais dure comme marbre, un corps superbe, une motte en dôme, et la plus belle perruque... Pendant la visite, ma belle soupirait comme on beugle, semblable à la cavale en furie, son cul battait l'appel et son c... la chamade... Sacredieu, une sainte fureur me transporte, je la saisis d'un bras vigoureux, je la fixe un moment, je me précipite... O prodige... ma bougresse est étroite... En deux coups de reins, j'enfonce jusqu'aux couillons... Je la mords... Elle me déchire... Le sang coule... Tantôt dessus, tantôt dessous, le sopha crie, se brise, tombe... La bête est à bas; mais je reste en selle; je la presse à coups redoublés... Vas, mon ami... vas... foutre... Ah !... ah !... vas fort...

,re... Ah! que tu fais bien
.ah! ah!... Sacredieu, ne
.,onnes pas... Ho, ho, ho...
encore... encore... V'là que ça vient..
A moi, à moi.., enfonce, enfonce...
Sacré bougresse! son jeanfoutre de cul
qui va comme la grêle m'a fait décon-
ner... je cours après... Mon v... brûle... je la rattrape par le chignon (ce
n'est pas celui du cou) je rentre en
vainqueur... Ah! dit-elle... je me
meurs... foutu gueuse!... (je grince
les dents.)... Si tu ne me laisses pas
décharger, je t'étrangle. Enfin, hale-
tante, ses yeux s'amolissent; elle demande grâce... Non, foutre... point
de quartier... Je pique des deux...
ventre à terre... Mes couilles en fureur
font feu; elle se pâme... Je m'en fous,
je ne la quitte que quand nous déchar-
geons le foutre et le sang ensemble....

Il est temps, je crois, de remettre

sa culotte. Un peu rendus
mes, ma Housarde me féli-
congratulant ; elle vas faire b..
moi je relève le sopha du mieux que je
puis. Que fais-tu là, me dit-elle, en
rentrant ? Mon ami, mes gens sont
accoutumés à cela, et j'ai un valet-de
chambre tapissier qui fait la revue tous
les matins. Vous pensez bien que nous
ne parlons pas sentiment. Est-ce qu'elle
s'embarrasse de ces foutaises-là ? Nous
voyons sa maison, son magasin, qui
est de l'or en barre ; les trésors des
trois parties du monde s'y rassem-
blent... Enfin, nous arrivons dans un
cabinet ; elle ouvre un coffre... Tiens,
me dit-elle, prends ce porte-feuille...
(je fais des façons)... Allons, foutre,
quand on bande comme toi, on a le
moyen d'acquitter ces bagatelles... Je
le mets dans ma poche, non sans avoir
remarqué qu'il contient pour cinq

cents louis de bonnes lettres de chan-
ges... Voilà ce qui s'appelle des douceurs.

Nous soupons : ma foi, j'en avais
besoin. C'est elle qui me sert des mo-
rilles, des truffes au coulis de jambon,
des champignons à la Marseillaise ; au
dessert, les pastilles les plus échauffan-
tes, sans oublier les liqueurs de madame *Anfou*... De la table nous nous
élançons au lit ; et de la vie, je crois,
on n'a vu pareille scène.

Rendez-vous pris au surlendemain,
j'arrive... Madame est malade. Hélas !
et c'est tout simple, elle avait excessi-
vement chaud ; quelque chose que j'aie
dit, elle a voulu que j'ouvrisse la fe-
nêtre au mois de janvier. — Une flu-
xion de poitrine l'enterre en trois
jours... O douleur !... Je vais lui dire
un *De profondis* chez la Saint-Just.

Après avoir essuyé ses larmes et ses

doléances (car elle me proteste que
ma princesse était une de ses meilleu
res pratiques), je l'assure que très-tou
ché de cet accident funeste , j'ai fai
des réflexions , et qu'ayant toujour
honoré la vieillesse , je viens lui de
mander ses bons offices , pour me con
sacrer au service de la douairière don
elle m'a parlé. Nous prenons jour , e
j'obtiens sous huitaine l'avantage d'être
introduit chez madame *In æternum.*
On m'avait prévenu qu'elle était for
riche , ensorte que la grandeur de
l'hôtel , la beauté des livrées et des
ameublemens ne me firent pas d'effet,
au contraire , j'en dévorais d'avance la
substance... Eh ! sacredieu ! la Fée ne
devait - elle pas s'alimenter de la
mienne ?

Le tête-à-tête était ménagé , l'on
m'attendait , j'avais relevé mes appas ;
à force de vouloir réparer les siens , ma

vieille était encore à sa toilette; asile
impénétrable, je suis introduit, en attendant, dans un boudoir lilas et blanc :
des panneaux placés avec art réfléchis-
saient en mille manières tous les objets, et des amours dont les torches en-
flammées éclairaient ce lieu charmant.
Un sopha large et bas exprimait l'espérance par les coussins vert anglais
dont il était couvert; la vue se perdait
dans des lointains formés par les grâces, et n'était arrêtée que par des peintures lascives que mille attitudes va-
riées rendaient plus intéressantes; des
parfums doux faisaient respirer à longs
traits la volupté; déjà mon imagination
s'échauffe, mon cœur palpite, il désire;
le feu qui coule dans mes veines rend
mes sens plus actifs.... La porte s'ouvre, une jeune personne s'offre à mes
yeux; un négligé modeste, une simplicité naïve, des charmes qui n'attendent

pour éclore que les hommages de l'a-
mour, des détails délicieux... Telle se
montre la jolie mère de ma douairière,
la belle Julie ; elle m'offre les excuses
de sa tante, qu'une affaire arrête, et
me prie d'agréer qu'elle me tienne compagnie. Je réponds à ce compliment
par les politesses d'usage, et nous nous
asseyons sur des fauteuils dans un coin
de la chambre ; Julie s'éloignait du sopha (hélas ! qu'il était bien plus à crain-
dre pour moi !) ; mes yeux erraient sur
elle : je sentais toute la timidité d'un
amour naissant, tous les combats de
ma raison contre mon cœur ; le feu
de me regards en imposait à Julie,
notre conversation languissait en apparence, mais déjà nos âmes s'enten-
daient.

Mademoiselle fait sûrement le bonheur de sa tante, puisqu'elle est sa
compagne?—Monsieur, ma tante a de

l'amitié pour moi.—La foule qui abonde chez elle a sans doute de quoi vous plaire, et vos plaisirs. — (Julie soupire),.... Mille adorateurs.... (le feu me monte au visage).—Ah! monsieur, combien de ces adorateurs méritent d'être évalués ce qu'ils sont en effet ! — Quoi ! vous n'en auriez pas trouvé dont l'hommage eût su vous intéresser. (Elle se trouble). Pardon... bon dieu!... j'allais commettre une indiscrétion.... Mais, mademoiselle, me condamnerez-vous de le désirer ?... Nous entendons du bruit ; un regard assez expressif est toute la réponse de Julie.

La tante avait fini sa toilette ; elle s'avance.... Peignez-vous, mon ami , un vilain enfant de quelques soixante ans. Sa figure est un ovale renversé, une perruque artistement mêlée avec un reste de cheveux reteints en noir, en ombrage la pointe, des yeux rouges et qui louchent pour se donner un regard en coulisse, une bouche énorme, mais que Bourdet a fort bien meublée; du blanc, du rouge, du vermillon, du bleu, du noir, arrangés avec un art, une symétrie que des yeux connaisseurs et un odorat exercé peuvent seuls découvrir.

Une robe à l'anglaise puce et blanc se rattache par des nœuds de gaze, d'où s'échappent des *coulans de perles*, qui, retombant en ondes, se terminent par des glands d'un goût exquis; un *couti* couvre la place où pouvait être une gorge il y a quarante ans : voilà ce que je démêlai au premier coup-d'œil... Heureux, si je n'en eusse vu ni senti davantage !

Mon dieu, mon cher cœur, me dit-elle en minaudant, et se laissant aller sur le sopha où elle m'entraîne; je suis désolée de vous avoir laissé en-

nuyer avec une petite fille, (Julie s'é-
tait éclipsée), c'est ma nièce, et cela
connaît si peu le monde.—Comment,
madame, votre nièce ? mais on ne le
croirait pas à l'âge dont elle paraît.—
Cela est vrai; mais sa mère est infiniment mon aînée.... Puis saisissant une
de mes mains.... La Saint-Just, mon
cher, m'a parlé de vous ; mais d'une
manière extraordinaire ; elle raconte
des choses.... oh ! pour cela, incroya-
bles. — Ces sortes de femmes nous
vantent quelquefois ; mais si je lui eus
jamais une obligation, c'est de m'avoir
mis à portée de vous offrir mes hommages.—Tiens, mon cœur, bannissons
la cérémonie, ton air me prévient, tu
es joli, sois sage, et sûrement tu ne
t'en repentiras pas. Il est temps de
passer dans mon salon, j'ai du monde,
tu souperas..... Une révérence est
ma réponse, un baiser me ferme la

bouche.... (Ah ! sacredieu, c'est du vernis tout pur.) Ne joue pas, continua-t-elle, cause avec ma nièce, tu sembleras être son amant... (Ah! charmante vieille! l'aurore de l'amour vient me luire ! Que je t'embrasse de bon cœur !.... mais foutre ! *la peinture !*) et nous nous rejoindrons quand ces importuns seront bannis.

Mon supplice est donc retardé.... Nous entrons au salon ; nombreuse compagnie s'y rassemble, et pendant que Julie et sa tante arrangent les parties, moi je réfléchis.

Amour ! amour ! tu viens donc encore me décevoir, m'égarer, me percer ! dieu cruel ! n'ai-je donc pas été assez long-temps ta victime ? Veux-tu te venger ? Quel role vas-tu m'imposer ? Objet du caprice d'une hideuse vieille, la beauté, les graces feront mon tourment ! Hélas !.... enfant trop aimable!

si j'ai jamais su conquérir des cœurs, en soumettre à ton empire ; si j'ai fait fumer sur tes autels un encens qui te fut agréable ! Ah ! protèges-moi ! je suis exaucé ; une ardeur nouvelle m'embrâse ; Julie, la belle Julie recevra mon cœur, mes transports, et sa tante abusée n'aura de moi qu'un tribut chèrement acheté.

Le jeu fait régner le silence ; tout le monde est occupé. Julie, au bout du salon, tient un ouvrage par convenance, et je suis auprès d'elle ; elle est inquiète ; je suis timide. — Quoi ! me dit-elle, on vous a déjà assigné votre personnage. — Ah ! mademoiselle, si vous daignez lire dans mon cœur, vous verrez combien il m'est cher. Je l'avoue, monsieur, quelqu'accoutumée que je sois à ces propos ou au motif qui les fait tenir, j'aurais plus de peine à les supporter de vous que de tout

autre. —Vous me les défendez donc
mademoiselle ?.... Ah! je ne le vo
que trop, vous me confondez dans
foule des lâches que votre tante e
tretient à ces gages; vous me croye
revêtu d'un masque trompeur, je l'
bien mérité !... N'importe, il faut vou
délivrer d'un objet qui vous déplaît
peut-être vous ferai-je m'estimer...
Ah! belle Julie! vous saurez un jou
que je ne me suis exposé à votre haine..
mais vous ne voudrez pas m'entendre
vous m'abhorrez, vous me méprisez...
(je me lève). Mon dieu! monsieur
me dit-elle toute effrayée, qu'allez
vous faire? Je serais perdue, ma tant
m'accuserait... Que sais-je?.... Peut
être de l'avoir trahie.... Non, non
elle aurait tort, vous la servez tro
bien.... Vous, la servir !.... Julie
dieu! quelle idée! Et pour votr
amant!.. (Julie se trouble et fait un ef

fort pour sourire).... Mon amant , y pensez-vous ? Vous êtes cependant arirvé sous des auspices.... Je vous entends, mademoiselle,... et si ce moyen eût été le seul pour parvenir auprès de vous , me trouveriez-vous si condamnable ? Depuis six mois je vous adore , (vous vous doutez, mon cher ami , que je n'en savais pas un mot), je suis par tout vos pas , je brûle en secret , je m'informe , on m'instruit de l'humeur de votre argus , et je suis obligé de couvrir du voile le plus déshonnête le sentiment le plus pur qui fût jamais. (La pauvre petite ! comme elle est oppressée! comme son sein s'élève! quel sein , grand dieu !...Chienne de vieille , il faudra donc que je te donne ce profit-là)!... Vous ne répondez pas,... De grace, Julie, nous n'avons qu'un moment , décidez de mon sort. Pourquoi me rendre la double victime de votre rigueur et des faveurs de votre tante ? (Ce mot *faveurs* fut prononcé d'un ton si triste qu'il était persuasif; la petite en sourit). Eh bien, je vous crois, me dit-elle, pourquoi me tromperiez-vous ?.... Je suis déjà si malheureuse! Hélas ! il ne tient qu'à vous de me la rendre bien davantage... Je ne vous détaillerai pas le reste d'une conversation gênée par les observateurs; mais pour tout dire, en un mot, nous convînmes que je serais l'amant de la tante, et que nous saisirions tous les momens favorables pour nous voir, en affectant la petite et moi beaucoup d'indifférence l'un pour l'autre.

On soupe. Après souper je fais un brelant avec ma chère tante; tout le monde défile. Julie, dès minuit, s'était retirée ; je reste seul. C'est alors que la vieille par ses tendres caresses me montre toute la rigueur de mon sort ;

cependant j'y réponds en grimaçant ; elle sort pour se rendre à sa chambre à coucher , et moi pour faire ma toillette de nuit. Enfin , l'heure du berger , l'heure fatale sonne ; une femme de chambre m'appelle , j'arrive , cherchant partout ce que tu sais , et ne trouvant rien.— Rien ? — Rien , ou le diable m'emporte : devines où il était allé se nicher. A côté d'une grosse bourse bien remplie, placée entre deux bougies sur la table de nuit de madame; je le repris en passant. Ma déesse était en cornette... Sacredieu , qu'elle avait d'appas ! Son lit à la turque , de damas jonquille , semblait assorti à son teint (car celui du jour était répandu sur dix mouchoirs qui invoquaient la blanchisseuse); un sourire qu'elle grimace, me fait apercevoir qu'elle ne mord point. Enfin je grimpe sur l'autel. — Bandais-tu? Hélas! il fallait bien bander de misère, ou renoncer à Julie, et à cette bourse devenue nécessaire, car le maudit brelan m'avait arraché les derniers louis qui fussent en ma possessiou.

Que parlai-je de possession ?... J'en ai sacredieu bien une autre. Regaade, mon cher ami, c'est pour toi que je n'abaisse pas la toile.

Je parcours des mains et des pieds les vieux charmes de ma dulcinée.... de la gorge.... je lui en prêterais au besoin... Des bras longs et décharnés, des cuisses grêles et desséchées, une motte abattue, un c.. flétri, et dont l'ambre qui le parfume, à peine affaiblit l'odeur naturelle... Enfin, n'importe, je bande ; je ferme les yeux, j'arpente ma haridelle, et j'enfourne. Ses deux jambes sont passées par-dessus ıres épaules, d'un bras vigoureux, je la chausse sur mon v.... Une bosse d'une grandeur honnête que je viens de découvrir me sert de point d'appui pour l'autre main. Son cou tendu m'allonge un déplaisant visage, qui, gueule béante, m'offre une langue apesantie, que j'évite par une forte contraction de tous les muscles de ma tête. Enfin, je prends le galop.... Ma vieille sue dans son harnois ; sa charnière enrouillée s'électrise, et me rend presque coup pour coup ; ses bras perdent de leur raideur, ses yeux se tournent, elle les ferme à demi, et réellement ils deviennent insupportables... Sacredieu, j'enrage, cela ne vient pas ; je la secoue.... et tout-à-coup la bougresse m'échappe.... Foutre, la fureur me prend, je m'échauffe ; le talon tendu contre une colonne, je la presse, je l'enlève ; la voilà qui marche.... Ah ! mon ami ! mon petit ! ah ! mon cher cœur !.... je me meurs... Ah ! je n'y comptais plus.,. Il y a si long-temps... ah ! ah ! ah !... je dé. . dé... charge... mon cher ami, je décharge.... Le diable m'emporte, ses convulsions me tiennent cinq minutes dans l'illusion ; la vieille coquine avait une jouissance comme à trente ans ; elle fut long-temps à se remettre ; elle était épuisée dans toute la force du terme. Moi j'étais en eau.... Mais voici bien une autre histoire. En m'essuyant, je trouve une double perruque ; c'était celle de ma ribaude, qui, n'étant que collée, se joignit à la mienne par esprit de sympathie. Le désordre de la bonne dame était risible, son bonnet et la toison qui lui tenait lieu de chevelure, tout était au diable ;... elle avait l'air honteuse.—Tiens, ma bonne, lui dis-je, entre nous point de façons ; je t'aime mieux naturellement, et, pour preuve de cela, je veux te recommencer. A ces mots, je la ressaute, et j'amène l'aventure à bien. Pour cette fois, elle n'avait point de dents, dieu merci, car j'eusse été dévoré.

Après cette seconde reprise, elle sonne. Mademoiselle Macao, qui nous servait d'eunuque noir, lui arrange ses affaires. Tandis que je me r'habille, la bonne vieille ne tarissait pas sur mes éloges... Deux fois, ma chère... Deux fois. Oh! ce petit ange là est un prodige; les autres me faisaient bien venir l'eau à la bouche; mais lui... Mets la main là, j'en suis pleine.

Il était quatre heures du matin, je m'approche pour prendre congé, la vieille, en m'embrassant (foutre ce n'était pas là le plaisant de l'histoire), m'offre deux bourses au lieu d'une, et m'accuse qu'elles contiennent deux cents louis; tandis qu'elle n'en donne ordinairement que cent. — Non, madame, lui dis-je avec générosité, si j'ai été plus heureux qu'un autre, je n'aspire point à une récompense double, j'accepte le témoignage ordinaire de vos bontés, mais je ne veux m'ôter ni la possibilité de revenir plus souvent, ni à vous celle de contenter un goût qui paraît vous satisfaire. —Ma foi, je l'aurais prise au mot.—Nigaud! qui ne sait pas que voilà comme on ruine ces bougresses-là.... à la preuve.... transportée, elle tire de son doigt un beau brillant (je l'ai pardieu vendu deux mille écus), et le met au mien; alors je me retire avec une permission indéfinie pour toutes les heures du jour et de la nuit, et la consigne de paraître amoureux de Julie, afin de cacher notre intrigue. Je fais le difficile; mais la sublime tante me démontre si bien cette nécessité, que je me rends pour l'amour d'elle.

Sacré dieu, la bougresse me donnain le postillon.

Revenu chez moi , dois-je y trouver du repos? Non, Julie.... Julie! ton image me trouble; je te vois : hélas ! dans cet instant , en proie à des désirs inconnus jusqu'alors , tu m'accuses et tu gémis; moi-même je soupire...Vile soif de l'or ! A quelle horrible divinité me forces-tu de sacrifier tant de sang?... Bien plus encore ! c'est la substance la plus pure qui s'épanchera sans fruit sur cet autel odieux... Mais ne suis-je pas dédommagé? où trouverai-je un enfant plus jolie ? Julie que l'amour me peigne dans tes rêves , et que l'attrait d'un songe te prépare au charme de la réalité !... Allons, ma valeur, à mon secours, qu'êtes-vous devenue?... De l'or, morbleu, de l'or; c'est le nerf de la guerre : front par tout; que les feux de l'amour embrâsent mon courage , me rendent cette vigueur première qui fit tomber sous le couteau sanglant tant de vierges dans Israël.... Et toi, Priape, le patron des fouteurs! je t'invoque; qu'une ivresse lubrique me saisisse auprès de ma vieille, je t'offre le sacrifice de toutes ses perfections.... Qu'elle crève en foutant.... c'est un holocauste digne de toi.

On s'imagine bien que la matinée ne se passa pas sans que je me rende chez ma bonne. On m'introduit au petit jour. Le fidèle Macao me donne des conseils pour plaire à madame; et je lui sacrifie une parcelle de mon or pour en gagner un monceau. Ma vieille me reçoit avec toutes les graces possibles... mais, ô surprises !.. avez-vous jamais vu une pomme que l'on place sur le récipient d'une machine pneumatique! Chaque coup de piston semble lui rendre sa fraîcheur; sa peau ridée devient lisse, et les rayons du jour qui s'y réfléchissent y donnent un vermeil qu'elle avait perdu. Voilà l'état de ma vieille ; ses yeux sont dérougis , elle semble souflée , et si elle avait des cheveux, de la gorge et des dents , elle serait foutable... ma main batifole , un sourire enfantin la ranime... Quand elle me chasse très-sérieusement pour mettre ordre à ses affaires.

Mademoiselle Macao est gouvernante en chef de ma Julie ; son nom , d'heureux présage, n'est point démenti par son caractère ; cette fille qui , dans sa jeunesse, a fréquenté les seigneurs dans les lieux où tout est égal, est compatissante pour l'innocence ; elle a même fourni à Julie les élémens d'un jeu de mains, badinage renouvelé des Grecs et très-utile même aux françaises.

Somme toute, je lui fais comprendre que Julie est appelée à changer d'état, et je lui prouve par un argument irrésistible que je suis tombé de là-haut tout exprès pour opérer cette grande œuvre : elle devient donc ma confidente, et j'entre chez Julie que je trouve à sa toilette.

Ma foi, je ne sais ; mais la timidité me reprend... Qu'elle est belle, mon ami... De grands cheveux, blonde cendrée, des yeux noirs et bien fendus, des traits que j'aimerais moins s'ils étaient plus réguliers... Nous restons seuls ; et, pour débuter, je me prosterne et j'embrasse l'idole. Foutre, quelle timidité !—Sûrement, en voilà le preuve... Quand j'ai bien peur, je me jette à corps perdu au milieu du danger. — Mais Julie doit se fâcher ? — Oui, si elle en avait le temps... Et puis Julie est franche, sa pudeur répugne sans doute à mes caresses ; mais elle est bien aise de les recevoir. Enfin, après quelques petites façons, je reste

en possession de ma place à ses genoux, et de tous les petits larcins que
me fournit le désordre d'une toilette,
et les dérangemens d'un peignoir qui
voile seul ses hémisphères enchanteurs,
sur lesquels je n'ose encore voyager
que des yeux.

Nos jours coulent ainsi pendant quelque temps dans la paix. J'avance en
grade auprès de Julie. La tante me
comble de bienfaits : cela veut dire
que je les mérite. Enfin , je me rends
un samedi saint pour dîner. Ma chère
tante m'annonce qu'elle est forcée de
sortir, et qu'elle ne reviendra qu'à
huit heures et demie; qu'une assemblée de charité, un sermon , une quête
et toute la simagrée sont pour elle
d'une obligation indispensable (car ,
par contenance, la bonne dame place
l'arche dans le temple de Dagon.) Je
peste; je me fâche. On se flatte d'un

jour de bonheur. On est cruellement abusé. — La bonne me console avec attendrissement... Eh bien ! mon petit, ne te fâches pas, je m'arrangerai pour souper avec toi, et puis... einh ?... Dis donc, petit fripon?... Mais je ne veux pas que tu sortes. Julie restera avec toi, et vous ferez de la musique... Mademoiselle, j'espère que vous ne laisserez pas ennuyer Monsieur (et l'embarras et la rougeur) ; moi, je fronce le sourcil, j'ai des affaires... Bref, mademoiselle Macao est chargée très-expressément de m'enfermer : la vieille part, et nous restons seuls, Julie et moi, dans le joli boudoir.

Puissance du ciel ! vous dont émane ce feu céleste qui nous élève au-dessus des mortels, vous vîtes mon bonheur !... Curieux, indiscret ami ! tu veux donc aussi pénétrer les mystères de Paphos?... Eh bien ! lis, dévores et branle-toi.

Tout favorisait mes feux; la beauté
du jour, dont les rayons amollis par
une gaze diaphane, attendrissait pour
nous les objets, le printemps, son in-
fluence, l'innocence de Julie, mon ex-
périence qui l'échauffe pour la détruire,
des tableaux lascifs que je lui applique
d'u   ; plus lascive encore; des
vœux prononcés à ses pieds, reçus par
sa tendresse... Les désirs nous animent
l'un et l'autre; un tact assuré, et qui
ne me trompa jamais, redouble ma
hardiesse; déjà la bouche de Julie est
en proie à ma bouche qui la presse;
son sein trop soulevé s'irrite contre les
rubans qui le retiennent.... Nœuds
odieux! disparaissez... Des larmes coulent de ses yeux, je les sèche par mes
baisers, son haleine s'embrâse, le feu
de nos cœurs s'exhale et se répand
dans nos poitrines brûlantes; nos âmes
se confondent... J'entreprends davan-

tage, les bras de Julie ne semblent me repousser que pour m'attirer mieux; déjà elle ne se défend plus, son œil se ferme à demi, sa paupière vacillante se fixe à peine... Que de trésors je découvre et parcours!... Arrête!... téméraire! s'écrie la tendre Julie...Cher amant!... dieu... je... je **meurs**... Et la parole expire sur ses lèvres de roses. L'heure sonne à son Cythère, l'amour a secoué son flambeau dans les airs; je vole sur ses ailes, je combats, les cieux s'ouvrent... j'ai vaincu... O Vénus! couvre nous de la ceinture des Grâces.

Peindrai-je ces extases voluptueuses où l'âme semble jouir du repos, alors même qu'elle se répand davantage au dehors?... Non, non, de telles délices ne s'expriment pas.

Loin de nous les reproches, Julie ne m'en fera pas; elle me voulait pour maître, elle désirait le bonheur, elle renaît pour le goûter encore... Mais, quel prodige ! notre sopha s'anime ! Une multitude de mouvemens combinés avec art fait éclore pour la sensible Julie mille émotions plus vives, s'il est possible : enfin, épuisés de plaisirs, de caresses, nous nous arrêtons.... (Et j'arrête aussi le diable de ressort qui m'avait prêté son secours d'une manière si peu attendue.) Je ne connaissais pas le sopha, et Julie met tous ses plaisirs sur mon compte... Je me garde bien de la désabuser.

Je ne reste pas plus long-temps ; ma toilette est diablement dérangée ; d'ailleurs ma vieille aurait une sotte offrande. — Sans répéter des détails monotones, notre commerce dura trois mois : Julie m'aime constamment ; la tête tourna à la tante au point de déranger ses affaires pour moi. Une assemblée de famille la fit interdire et mettre dans un couvent. On arrache Julie à ma tendresse , et comme on soupçonna qu'elle avait pu prendre certaines leçons chez sa tante, il y eut des explications dont le parlement se serait mêlé sans une protectrice que je trouvai dans la parenté même. Madame la marquise de Vit-au-Conas, placée à la cour, accommoda toute l'affaire. C'est de mes arrangemens avec elle qu'il me faut vous parler.

Un tendre engagement va plus loin qu'on ne pense. J'eus le bonheur d'intéresser madame Vit-au-Conas ; elle me demanda les détails de mon affaire; je lui peignis mon aventure avec bonne foi, elle était femme, pouvait-elle être bien sévère pour un crime, qui , dans le fond , n'était qu'un hommage à la beauté ? Elle aimait le plaisir, mon double emploi lui parut être une preuve de solidité précieuse ; mon dieu, me dit-elle, il y avait de quoi vous tuer ; la modestie eût été hors de saison. Je répondis tout bonnement que ma santé, loin d'être affaiblie, exigeait un service au moins aussi fort ; ses yeux s'ouvrirent, les miens s'égarèrent, nous nous remontrâmes ; elle n'était pas novice : je lui avais des obligations qu'il m'était doux d'acquitter ; c'est dire assez que nous nous entendîmes.

Son service la retenait souvent à Versailles ; le mien, qui commençait à cette époque, me rendait assidu : à la cour on est si désœuvré ! Le mari de la marquise était à son régiment ; il lui laissait du vide. Je m'offris à le remplir.

Les premiers jours de notre connaissance, j'allai passer chez elle quelques momens pour attendre le coucher du roi. Parmi les hommes qui composaient le cercle de la marquise, je remarquai un grand chevalier de Malte, fort maigre, fort pâle, mais qui se donnait des airs de privauté; le ton maussade de la marquise me convainquit que c'était mon devancier, et qu'il allait être congédié. Pour aider à le pousser dehors, je l'attaquai, je le persifflai, il se défendit mal, je sortis, il me suivit. Après le coucher, il me pria de gagner avec lui la pièce des Suisses, m'assurant qu'il avait quelque chose à me confier. La nuit était belle, nous nous promenâmes; arrivés dans un lieu assez solitaire, il mit brusquement l'épée à la main; je la saisis, je l'enlève et la jette à vingt pas, du plus grand sang-froid du monde : mon homme, tout étonné, se fâche, et je n'en ris que davantage. Enfin, je lui dis : « Mon cher chevalier, » je crois entrevoir vos motifs; vous » êtes bien avec la marquise, elle vous

» rejette, vous pensez que je suis votre
» successeur, et vous n'avez pas tort;
» vous voulez vous couper la gorge avec
» moi, et je suis bien sensible à cette
» marque de votre amitié; mais je vous
» dirai franchement que je ne me bat-
» trai qu'après avoir vu si elle en vaut
» la peine; ma réputation est faite; on
» ne me soupçonnera pas, nous pren-
» drons, vous le temps de la réflexion,
» moi celui de coucher avec elle; en-
» suite, si le cœur vous en dit, nous
» nous amuserons...» Je cours ramasser
son épée, je la lui présente, je lui sou-
haite le bonsoir, et je m'en vais me
coucher.

Le chevalier vint chez moi le lendemain, il convint de ses torts, nous nous
embrassâmes, et je me rendis chez la
marquise, qui, déjà instruite du fond
de l'aventure, ne m'en fit pas plus ma°u

vaise mine, parce qu'elle ignorait les détails.

Enfin, les jours s'accumulaient, la marquise jouait la coquette, semblait vouloir irriter mes désirs, et me donner un véritable amour. Nous étions dans la saison des petits voyages; nous ne nous voyons que des momens, et ces momens étaient perdus pour mes projets. Tout cela m'ennuya; j'étais oisif, je la pressai; j'obtins un rendez-vous pour le lendemain, et quelques gestes très-significatifs de part et d'autre m'annoncèrent qu'il serait tout ce que je voulais qu'il fût. Je me rends à l'heure marquée; le roi était à la chasse; tout le monde dehors; le château semblait un désert. Mais l'appartement de la marquise n'était-il pas assez peuplé? Nous étions deux : les désirs accouraient en foule, ils appelaient les plaisirs... Ma foi, je ne sais pas où l'on aurait pu trouver meilleure compagnie.

Les feux du midi embrâsaient l'atmosphère. Un jour à demi étouffé régnait dans le boudoir : on y respirait la fraîcheur, les parfums et la volupté. Représentez-vous sur une pile de carreaux une grande femme bien taillée, encore mieux découplée, quelques rubans galamment noués sont le seul lien qui retienne la gaze légère pui la voile : sa gorge est belle, sa figure assez commune ; mais ses yeux disent ce qu'ils veulent ; d'assez belles dents, des cheveux d'un noir admirable, tout m'invitait : les préliminaires commencèrent ; les ménagemens auraient ennuyé. Je détourne sur elle et sur moi des voiles importuns. En deux tours de mains j'arrange la marquise ; je me précipite... Dieux !... *Le flot qui m'apporta ecule épouvanté.* Eh ! qu'as-tu donc ?

— Ce que j'ai... Le diable peut-être... Je me signe, et je crois que M. Satan s'est venu planter là en propre personne. Mais encore... est-ce une illusion? Foutre, tu n'as qu'as juger... Un braquemart de huit pouces levait sa crête altière et défendait les approches. Le coquin avait pensé m'éventrer. La marquise, nullement déconcertée, riait aux larmes. Enfin je me rassure, j'examine, puis, adressant la parole au papelard : Hélas! lui dis-je, j'étais venu dans l'intention de le mettre à monsieur votre frère; mais, beau sire, à tout seigneur tout honneur... Alors je me retourne, et je lui présente bien humblement ce que Berlin révère, et que l'Italien encense. — Sacredieu, de ma vie je ne l'ai échappé si belle. La marquise m'attire à elle.... Einh?... Oui, pardieu, je l'étais, et tout vivant.

Cependant mon étonnement cesse,

et après avoir rendu ce tribut d'admira-
tion, je plaçai Vit-au-Conas de la
manière qui nous convenait à tous deux.
La marquise était vive sans être tendre ; un tempérament ardent lui com-
mandait, l'entraînait, elle croyait aimer l'objet qu'elle tenait dans ses bras,
et les sensations effacées, les désirs sa-
tisfaits, son cœur s'épuisait. Dix années de cour forment bien une femme ;
elle était intrigante, adroite, dissimu-
lée ; elle avait enfin le caractère de son
état. Aussi jouissait-elle d'une consi-
dération que la crainte de son esprit
malin et médisant lui avait attirée. Au
reste, levant effrontément le masque
sur le chapitre des mœurs, elle m'affi-
cha avec une impudence qui m'eût fait
rougir, si l'on rougissait encore. J'af-
fectais de la discrétion, de la retenue.
« Allons, me disait-elle... Mais tu es
un enfant : tout cela est reçu, mon

» ami. Dans les commencemens que
» j'habitais ce pays-ci, tout me révol-
» tait. Je sortais du couvent, j'étais
» jeune, assez jolie; j'avais de la pu-
» deur, d'un gauche inconcevable. Les
» femmes m'ont formée; les hommes
» m'en ont trouvé mieux; j'ai gagné de
» tous côtés. »

Je vivais chez elle comme chez moi;
nous couchions ensemble, et comme
elle me trouvait vigoureux, elle s'en
tenait là. Mais l'argent ne venait point;
car comment tirer de l'argent d'une
femme de cour encore jeune et jolie?...
Le diable y pourvut. Un jour que dans
le délire des sens, nous avions fait, ma
foi, toutes les folies que le bon Arétin
a dépeintes dans son livre si religieux,
la marquise ne prend-elle pas subite-
ment de l'amour pour mon postérieur?
Ma plaisanterie et le compliment que
j'avais fait à son monsieur fortifient

cette idée. A toute force elle en veut venir à l'exécution... As-tu jamais vu, mon ami, un perroquet défendre sa queue contre un chat futé et malin ?... Me voilà, je fais le saut de carpe, des courbettes, des pétarades... La diablesse ne perd pas la carte... Je le sens... Ahi, ahi. — Mais, madame, c'est un pucelage, foi de chrétien. — Eh bien ! je le paierai cent louis. — Oh ! non, de par tous les diables, deux cents. — Eh ! foutre, me voilà... (j'en meurs de honte) me voilà enfilé.

Après ce bel exploit, la marquise m'apostrophe... *Rodrigue, qui l'eût cru !* Et moi en portant la main au pauvre blessé, et faisant piteuse grimace... *Chimène, qui l'eût dit ?...* Ses baisers, ses caresses, ses folies, le triomphe qu'elle se flattait d'avoir remporté, lui donnaient une gaieté à laquelle je ne pus résister... Tiens, lui dis je, mauvaise, tu m'as diablement fait du mal, mais je te pardonne : nous scellâmes la réconciliation de manière à ne pas laisser le plus petit coin en rancune.

Le bon roi Dagobert avait bien raison, il n'y a si bonne compagnie qu'il ne faille quitter; mon intrigue avec la Vit-au-Conas durait depuis six mortelles semaines; d'ailleurs j'avais profité de son hétéroclite; je lui coutais des monceaux d'or. « Mon cher, me » dit-elle un jour, je crois que nous » ne nous aimons plus. Tu me parais » toujours aimable, je veux te conser- » ver comme connaissance intime; mais » prévenons le dégoût : tu ne saurais » manquer de femmes; tu es jeune, je » ne veux pas te faire perdre un temps » précieux, et je prétends te guider. » Tiens, je te le dis avec franchise, les » femmes de cour, à commencer par

» moi , sont dangereuses au-delà de
» l'expression , rien ne leur manque
. pour plaire ; et les hommes trouvent
» en nous la société de la bonne com-
» pagnie , et tous les vices de la mau-
» vaise : vices qui , communiqués et
» rendus, font entre les deux sexes une
» circulation , dont les effets variés à
» l'infini , ont presque toujours pour
» base, pour motif et pour but , la per-
» fidie.

   » Nous sommes coquettes par ton ,
» vicieuses par caractère , le plaisir a
» pour nous de l'attrait ; mais nous
» jouissons par habitude. Un amant
» nouveau est sûr de nous plaire ; cela
» est au point , qu'il m'arrive tous les
» hivers de recevoir mon mari avec une
» joie incroyable, de lui prodiguer pen-
» dant vingt-quatre heures les caresses
» de la passion : l'illusion cesse, le ban-
» deau tombe , je la reconnais , je me

» reconnais moi-même, et nous nous
» quittons.

» Le sentiment est regardé parmi
» nous comme une chimère, nous en
» parlons avec emphase, avec esprit,
» rafinement même, précisément parce
» qu'il ne nous a jamais touché. Tu
» dois réussir ici par ta complaisance,
» ta vigueur, et surtout ta conscience
» dans l'art de la volupté. Je connais
» vingt femmes qui se ruineront pour
» toi; tu leur créeras un tempérament,
» ou tu ranimeras ce qui leur en reste.

» Mais, mon ami, prends garde à
» certains désagrémens : moins honnê-
» tes que les filles, nous donnons sans
» délicatesse ce que l'on nous a com-
» muniqué sans scrupule, et souvent
» nous ne valons pas le repentir que
» nous causons. Pour éviter ces préci-
» pices, que *les fleurs* qui les couvrent
» rendent plus dangereux, abandonne

» la timidité, la délicatésse, elles te per-
» draient, et l'on n'y donnerait ici que
» des noms ridicules.

» La pudeur est grimace, la décence
» hypocrisie, les qualités se dénatu-
» rent, les vertus sont chargées des cou-
» leurs du vice; mais la mode, les grâ-
» ces embellissent tout, on ne prise
» l'esprit que par le jargon qui l'ac-
» compagne : en un mot, c'est de nous
» que dépend la fortune, et nous som-
» mes aussi aveugles qu'elle, parce que
» souvent un sot ouvre la nuit un avis
» important.

» Prends donc un extérieur hardi,
» impertinent, même dans le tête-à-
» tête, brusque les aventures, tu ne se-
» rais téméraire que dans le cas de fai-
» blesse, et le seul manque de respect
» que nous ne pardonnions pas, c'est
» une faute d'orthographe. Mais en pu-
» blic change de ton, fais ta cour assi-

» duement, prodigue les soins et les
» éloges; ce n'est pas de la discrétion
» que l'on te demande. Nous ne crai-
» gnons, mon ami, la révélation des
» mystères que lorsqu'ils ne sont pas à
» notre avantage... » La marquise s'ar-
» rêta. Son sopha n'était pas loin, nous
nous fîmes des adieux très-circonstan-
ciés, et j'obtins, en le quittant, la permission de renouveler de temps en
temps connaissance... sauf à être encore empalé.

Me voilà donc libre; je m'introduis
dans les différentes sociétés de la cour:
je jette sur les femmes qui les composent un œil curieux et perçant. Du
plus au moins, je fis mainte applica-
tion des peintures de la marquise. La
saison des bals arrive, j'aime la danse
à la fureur, mais n'étant point talon
rouge, elle m'était interdite chez les
hautes puissances; l'observation m'of-

frit des dédommagemens. J'avais ob-
tenu la permission de me rendre chez
une princesse, qui joint à tout plein
d'esprit le meilleur ton, et le cœur
le plus sensible. Je la jugeai faite pour
inspirer un artachement durable; mais
trop sage pour s'afficher ainsi. A son
âge, avec tous les moyens de plaire,
se fixer!... Eh! que dirait l'amour?
Lui a-t-il confié ses flèches pour les
laisser oisives, ou pour les ficher sur
un seul cœur, comme des épingles sur
la pelotte de sa toilette? Je consultai
mon grimoire, et je sus qu'on ne pouvait allier plus de générosité, de talens
et d'adresse. Je sus encore qu'en pré-
dicateur excellent, ses préceptes ne
nuisaient pas à ses plaisirs, et je crus
sentir qu'un peu de contrainte pouvait
y ajouter du prix. — Mais qui est-ce
donc? — Oh! vous en demandez trop,
allez sur le grand théâtre, quand on

jouera la *Gouvernante*, vous lui verrez remplir un rôle que son cœur lui rend cher, et qui lui mérite tous les applaudissemens.

Confondus dans un groupe d'hommes, nous exercions notre critique sur les danseurs. — Eh ! bon dieu ! quelle est cette petite personne, si folle, si extravagante ? Elle est toute ébouriffée, son panier penche d'un côté, tout son ajustement est en désordre.... Je ne l'en trouve, ma foi, que plus jolie ; tous ses traits sont animés, ses gestes sont violens ; tout pétille en elle. — C'est la duchesse de ***, me répond le comte de Rhédon ; vous ne la connaissez pas ? Je vous présenterai ; elle aime la musique, vous l'amuserez. Le lendemain je somme le comte de sa parole, et nous partons.

A six heures du soir la duchesse était en peignoir ; de grands cheveux s'échappaient d'une baigneuse placée de travers sur sa tête. Embrasser le comte, me faire la révérence, me proposer vingt questions, et me prendre pour répéter le pas de deux de Roland , ne fut l'affaire que d'un instant. Je fus froid les premiers pas , une passe très-lascive qu'elle rendit comme Guimard, m'enhardit, m'échauffa, me fit... (Ah ! mon ami, la jolie chose qu'un pas de deux , quand on bande). Le comte applaudit à tout rompre; elle s'écrie que je danse comme Vestris, que j'ai un jarret à la Dauberval , me fait promettre de venir le répéter avec elle , et me donne carte blanche pour les heures ; puis mon lutin sonne les femmes. Le comte se sauve, je demeure; elle se coiffe à faire mourir de rire ; me demande mon avis ; je touche à l'ajustement , et je lui donne un petit air grenadier qu'elle trouve unique... Elle s'habille , sort ;

je lui donne la main, et je me retire.

Parbleu, dis-je en moi-même, celle-là n'a pas le temps d'être méchante; je me couche; sa friponne de mine me tourmente toute la nuit. Je me lève en rafollant, et je cours chez la duchesse à dix heures du matin; elle sortait du bain, fraîche comme la rose. Une lévite la couvre des pieds à la tête : on apporte du chocolat; je suis barbouillé du haut en bas; elle saute à son clavecin : sa jolie menotte a toute la vélocité possible; elle a du goût, un filet de voix, des sons charmans; mais pour de l'âme... serviteur. Je vois cependant qu'elle est susceptible. Nous prenons un duo; je la presse; je l'attendris malgré elle; elle perd la tête, son cœur se serre : j'en arrache un soupir; la voix meurt, la main s'arrête; le sein palpite; mon œil enflammé saisit tous ses mouvemens... Zeste tout au diable;

A moi ! à moi ! enfoncé, enfoncé.

elle plante là le clavecin, me bat, me demande pardon, passe un entrechat, se jette en boudant sur son sopha, et se relève par un grand éclat de rire.

Heureusement pour moi, Gardel arrive, nous dansons; je remarque cependant avec plaisir qu'elle prend de l'intérêt; elle me loue avec affectation. Gardel n'a garde de la contredire; avant que je sorte elle me demande excuse, implore son pardon, me prie de lui imposer sa pénitence; vois donc ici, bourreau, cette petite mine hypocrite; je saisis une main que je couvre de baisers; l'autre me donne un soufflet qu'un baiser des plus hardi répare à l'instant.

Le lendemain j'y vole sur l'aile des désirs; elle m'avait demandé quelques ariettes nouvelles, je les lui portais; elle était au lit, une femme de chambre ouvre son rideau, je parais; un fauteuil placé à côté d'elle me tendait les bras.... j'aime bien mieux m'appuyer contre une console qui me tient de niveau.

Où es-tu divin Carache? prête-moi tes crayons pour esquisser cet enfant!...

Un bonnet à la paysanne couvrait sa tête à moitié; ses traits n'ont aucune proportion ; ce sont des yeux noirs superbes ; la plus jolie bouche, un nez retroussé, un front trop petit, mais ombragé délicieusement ; deux ou trois petits signes noirs comme geai assassinent leur monde sans rémission; son teint est moins très-blanc qu'animé; mais le carmin le plus pur n'égale pas le vermeil de ses joues et de ses lèvres.

Après quelques folies débitées de part et d'autre , je lui montre ma musique, elle me prie de chanter... Je déployais la légèreté de ma voix, quand

tout-à-coup un drap soulevé me découvre un sein de lys et de rose... *Et
la cadence chevrotte...* Je continue ;
tantôt c'est un bras arrondi par l'a-
mour, une cuisse fraîche rebondie ,
une jambe fine , un pied charmant,
qui tour à tour se promènent sur le lit,
et frappent tous mes sens...Je tremble,
je ne sais plus ce que je chante... Allons donc, me dit la duchesse, avec
un sang-froid dont je ne la croyais pas
capable. Je recommence, et le manége
d'aller son train, mon sang bouillonne,
tous mes nerfs s'agacent et s'irritent ;
je palpite ; mon visage s'inonde de
sueur ; la méchante, qui m'observe ,
sourit, et cependant soupire... Un dernier bond la découvre toute entière...
Sacredieu, mes yeux font feu ; je jette
la musique, je fais sauter des boutons
qui me gênent, je m'élance dans ses
bras ; je crie, je mords, elle me le rend

bien, et je ne quitte prise qu'après quatre assauts redoublés.

La duchesse était évanouie ; cela commença à m'inquiéter ; j'employai un spécifique qui ne m'a jamais manqué ; j'ai la langue d'une volubilité incroyable ; j'applique ma bouche sur le bouton de rose qui termine un joli globe : un trémoussement presque subit me rassure sur son état... Dieu ! ô Dieu ! me dit-elle en me sautant au cou : cher ami, tu l'as trouvé. — Eh ! quoi ? lui dis-je tout étonné. — Hélas ! un tempérament que l'on m'avait persuadé que je n'avais pas... Et baisers d'entrer en jeu, et les pièces de mon habillement de couvrir le plancher. Enfin, nous nous trouvâmes, comme le dit le Précieux ridicule, *l'un vis-à-vis de l'autre ;* et je vous jure que ma petite duchesse n'était point de ces prudes qui craignent un homme absolument nud. Elle avait des doutes, il fallut bien les éclaircir. Chaque situation nouvelle me découvrit de nouveaux charmes. C'est bien le corps le mieux fait ! charnue, sans être grasse, svelte, sans maigreur, une souplesse de reins qui ne demandait que de l'usage... Eh ! parbleu, je lui en donnai de toutes les façons.

J'aime bien foutre ; mais comme le bon dieu n'a pas voulu que nous trouvassions le mouvement perpétuel, il faut s'arrêter enfin, car ce *jeu lasse plus qu'il n'ennuie.* Or ma duchesse n'avait qu'un jargon, toujours le même ; et comme j'avais ralenti son feu, ce n'était plus qu'un petit être fort plat, fort monotone. Que j'aime à voir sortir d'une belle bouche ces riens que rend si précieux une femme enivrée de volupté. Qu'un mot placé à propos sait bien relever le prix d'une caresse, et la rendre plus touchante! Otez les préludes de la jouissance, et les paroles magiques, qui, faisant sortir de l'extase, aident si souvent à s'y replonger... *L'ennui baille avec nous sur le sein de nos belles :* l'amour fuit, l'essaim des plaisirs s'envole, et l'on s'endort pour ne jamais se réveiller.

Voilà les dégradations que j'éprouvai chez la duchesse pendant quinze jours : nos commencemens furent trop vifs, et la satiété amena le dégoût. J'en étais là, quand un soir, en entrant chez moi, on me rendit un écrin et ce petit billet...

« Un instant me rendit votre amante,
» un instant a tout changé; mais j'ai,
» monsieur, de la reconnaissance de
» de vos soins : je vous prie de conser-
» ver cet écrin, il vous représentera
» l'image d'une femme qui parut vous
» être chère, et qui se reproche de n'a-

» voir pas pu faire plus long-temps vo-
» tre bonheur. »

Je vis sur-le-champ de quelle main
partait ce billet : la duchesse était in-
capable de l'avoir dicté. J'y répondis.
— « Vos bienfaits, madame, ont droit
» de me toucher, si votre cœur a dai-
» gné apprécier ce que je vaux. J'ai
» mis dans notre liaison des procédés
» dont l'énergie paraissait vous plaire ;
» je n'ai ni dépit, ni colère. C'est bien
» assez pour moi d'avoir eu les hon-
» neurs du triomphe, sans aspirer à
» ceux de la retraite : depuis huit jours
» j'attendais vos ordres, et la preuve
» de mon respect est de ne les avoir pas
» prévenus. Votre portrait sera pour
» moi le gage de l'estime que vous ac-
» cordez à *mes talens.* Puisse, madame,
» le fortuné mortel qui me remplace,
» vous en porter de *plus heureux !* Vous
» m'aurez tous deux une obligation bien

» douce, celle de vous avoir mis dans le
» cas d'en sentir tout le prix. »

Mon successeur, homme d'esprit,
n'a pu y tenir, comme moi, que peu
de jours ; elle l'a remplacé par *un
prince*, et réellement, quant au moral, ils se convenaient ; pour le physique, elle eut ses laquais, c'est le pain
quotidien d'une duchesse.

Mon billet écrit, j'ouvris l'écrin, j'y
trouvai de fort beaux diamans et le
portrait de la duchesse en baigneuse :
il était frappant : je l'approchai machi-
nalement de mes lèvres. Avouerai-je
ma faiblesse ? Je sacrifiai encore une
fois à ce joli automate, et mon caprice
s'écoula avec la libation que je venais
de répandre en son honneur.

Je me rendis chez la Vit-au-Conas :
elle était en possession de mes jours
de congé ; d'ailleurs nous avions con-
tracté une amitié commode. O que

cette femme-là gagne à être approfon-
die ! Réellement, à la manière dont
elle me reçut (la réception dura deux
grandes heures), je crus qu'elle ne me
reconnaissait pas. Quand elle fut en
état d'écouter, je lui racontai mon
aventure; le comte de Rhédon lui avait
dit quelque chose ; la catastrophe lui
plut, l'égaya, et nous en étions sur la
chronique scandaleuse , quand on annonça madame de Sombreval, et une
autre femme chez qui j'avais négligé
de me faire présenter, quoiqu'elle fût
d'un rang à ne pas être oubliée. Elle
m'en fit la guerre avec chaleur; j'y
répondis avec intérêt, et je demandai
pour la forme une permission de faire
ma cour, qui était toute accordée.

La visite finie, ma chère Vit-au-Conas me dit : Mon ami, je vais te perdre
encore : voilà un dévolu jeté sur toi.
Pour celui-là c'est une trouvaille : con-

duis-toi bien... Pousses-la , pousses...
Ah ! madame , vous savez comme je le
pousse ; témoin... (vous sentez le geste
que je fis). Elle me prit au mot , et le
témoin fut en confrontation. Nous nous
quittâmes ; ma chère marquise me sou-
haita bonne chance , et je courus me
préparer à la ménager.

Doré comme un calice , pimpé ,
çardé, musqué, je me rends chez madame ***. Le cercle était nombreux ;
après les premiers complimens , une
minute d'examen me mit au fait de
l'assemblée : huit ou dix freluquets pi-
rouettaient sur des talons rouges : vils
adulateurs de la maîtresse de la maison, dont ils briguaient un regard , ils
honoraient de leurs airs penchés, de
quelques fades polissonneries et de ri-
cannemens pitoyables, une douzaine
de femmes , hardies dans leur maintien , impudentes dans leurs propos ,

et, à ce que j'appris, dans leur conduite. Mon instituteur était un *monseigneur*, à qui un bon évêché et deux
abbayes, affermées cent mille francs,
donnaient le privilége de prêcher la
vertu chez les filles de la capitale, ou
chez les titrées de la cour, ce qui revient au même.

Voyez-vous, me disait-il, cette grosse
baronne ; son visage est enluminé, ses
gros yeux ronds sont surmontés d'un
sourcil noir, épais, dur... Tu dieu,
c'est une maîtresse femme. Cochers,
laquais, elle met tout sur les dents.
Sans être mauvaise maîtresse, elle en
change souvent ; mais elle leur fait un
sort. La semaine dernière elle en a placé
deux aux Invalides ; elle prenait aussi
son mari quand elle ne trouvait personne ; elle a rendu le pauvre diable ;
il est forbu : et, au moment où je
parle, il est aux incurables. — Quelle

est cette grande blonde fade ? — Quoi ! vous ne connaissez pas la comtesse de Minandon ? — Non, mais elle tourmente cruellement son éventail. — Bon, c'est qu'elle joue la mijaurée, mais foutre (notez bien que c'est monseigneur qui sacre), bien fou qui s'y fiera ; elle m'a donné, il y a six mois, une chaudepisse... le v.. m'en cuit encore. — Voilà ce que c'est, monseigneur, que de *sortir de son diocèse*, (Condom)... Quelle est celle qui lui parle à l'oreille ?— La Saute-au-Corps, c'est l'auberge des gardes du roi. — Elle deviendra gargotte ; et gare la vérole. — J'allais en savoir davantage, quand quelqu'un, adressant la parole à monseigneur, et la conversation devenant générale, notre *a parte* finit.

Un de ces jolis individus, qui, avec un minois de poupée, une voix grêle et un ton clapissant, jugent, décident et retranchent, tenait le dez ; on en était aux spectacles. Des auteurs furent sifflés, bernés', ou loués d'une manière qui, je vous assure, devait peu leur importer.

Enfin, l'on en vient à la musique. Madame de *** m'apostrophe... Monsieur, ceci est de votre ressort; je sais combien vous êtes amateur. — Moi, madame, je ne suis point musicien, mon seul mérite est *de bien écouter*. —Parbleu, mon cher, reprend le marquis de Fier-en-Fat, en ce cas-là écoutez-moi, et vous vous rendrez à mon avis... *Moi*, je suis fait pour la musique ; j'ai un tact à *moi*, qui ne me trompe jamais, et il y aurait de la fatuité de tirer vanité d'un bienfait de la bonne nature. Qui diable s'est jamais vanté de ses oreilles ? (J'observerai qu'en cela le marquis était modeste)... Or, je n'aime point ce Gluck ; il n'y a pas le mot pour rire dans sa musique, pas un pauvre petit air qui aide à sabler gaiement son vin de Champagne. Il faut décomposer cet homme-là pour y trouver deux ou trois phrases qui fassent un rondeau. Votre Piccini n'entend point l'harmonie, et sans l'air de ballet que danse Guimard, j'aurais sifflé son Roland de fond en comble. — Monsieur n'aime point l'ouverture d'Iphigénie? Eh! non, mon cher, non, cela fait venir la chair de poule. Parlez-moi de celle du Déserteur; voilà ce qu'on appelle une ouverture : cela se chante tout couramment comme un *Pont-Neuf.* Le Floquet vous fait joliment un opéra, je le soutiens contre vent et marée; et pardieu, je ne conçois pas comment ce parterre s'est avisé de le siffler, tandis que j'applaudis du geste et de la voix; ses basses font toujours un second-dessus : il est vrai que le violon dit la même chose ; mais cela renforce l'harmonie... Ces animaux de danseurs prétendent que l'on ne saurait danser ses airs de ballets, moi je les décide sautillant au dernier point. — Ils voudraient peut-être du lourré, du voluptueux. — Oui, de l'ennuyeux... Ma passion à moi c'est l'*allegro*. — Monsieur le marquis, on s'y lasse bien vite. — Un sourire de madame de ***, et un peu d'embarras chez le marquis, me démontrèrent qu'il pouvait bien en être à se reposer. L'arrangement des parties finit la conversation. Je me retirai avant souper ; mais madame de *** trouva un moment pour me donner rendez-vous le lendemain à sa toilette.

J'ai oublié de vous tracer sa figure. Madame de *** a trente-huit ans, elle ne s'en cache pas, assez blanche, elle a la peau d'une finesse et d'une égalité singulière ; l'ovale que forme son visage serait plus arrondi si elle avait plus d'embonpoint ; des yeux assez beaux disent, sans minauderie ce qu'ellle veut exprimer ; sa bouche est bien, elle est grande ; mais sa taille trop longue ..'est pas assez marquée ; sa poitrine est trop serrée, sa gorge est petite, placée en femme de condition, c'est-à-dire un peu bas, mais ferme, et surtout d'un susceptiblé qui la fait tressaillir ; le bras et la main sont trop maigres, la jambe bien, le pied charmant. Son discours en public est concis, serré et à prétention.... Le roi lui a dit cela....Cette nouvelle vient de mesdames... les ministres sont ses amis. Elle leur donne quelquefois des leçons et toujours des conseils. Racontez-vous une affaire ? elle en développe les ressorts secrets. Un mariage se fait-il ? c'est elle qui a présenté l'épousée, qui protège le jeune mari*é* : elle sait tout, pénètre tout, a tout vu, tout deviné ; elle met en avant sa faveur, offre sa protection, a des audiences, un secrétaire, des bureaux, un taxateur, un trésorier et des gens d'affaires.

Parbleu, tu feras fortune avec cette femelle-là. — Tu attends des grâces, bientôt tu les distribueras. — Je gage que tu vas me demander l'*honneur de ma protection*... A genoux, sacredieu, et dépêchons-nous. Je vais prendre possession de mon emploi, et je t'offre ma survivance...

J'arrive chez madame de ***, on me reçoit comme un homme attendu ; la toilette se passe en galanteries de ma part, en défenses de la sienne ; je fais tourner la tête aux femmes-de-chambre à force de contrôler : elles finissent par rire, et leur maîtresse déride sa gravité.

Enfin nous restons seuls.... Foutre, du cœur, je crois que la timidité me gagne.... Un sopha reçoit madame de ***; je m'y place à ses pieds. (J'ai un grands fond de tendresse pour les sophas). En vérité, me dit-elle, je fais une démarche bien extraordinaire. — Moi, je ne vois rien de si naturel. — Je me croyais à l'abri de certaines faiblesses; et le rang que je tiens...—En vérité, madame, il est très-favorable à certains arrangemens. Mais, qu'imaginerait-on ?—Que je vous adore, et que je suis assez heureux pour ne pas vous déplaire. — J'ai des vues sur vous, mon cher ami. — Mon bonheur sera de les remplir.—Vous avez de l'esprit, du feu.— Ah ! madame, peut-on en manquer auprès de vous ? Vous électrisez la nature..... (Elle s'électrise, pardieu ; son front se colore, ses yeux brillent, sa main

tremble..... Amour !..... Amour!.....
Viens donc petit bougre.)—Vous avez
là un joli habit.—Cette couleur m'a
paru vous plaire ; je la porterai long-
temps. — Bon dieu ! voilà des rubans
d'une nouveauté (et l'échelle se dé-
noue).—Que faites-vous ? que faites-
vous donc? Que diront mes femmes ?
— Ah ! madame , nous perdons un
temps... un temps qui pourrait être
mieux employé.—Bon dieu ! si l'on
entrait. —Tant pis pour les curieux.
(Et mains de trotter, et bouche de
s'appuyer sur un sein qui bondit sous
les coups de langue). — Ahi... ah !...
dit-elle, en changeant de note, petit
démon , tu m'as vaincue... Les grands
mots sont là chés, mon pégase débridé,
la ville rendue , et ma charmante foutue ; mais c'est au second coup que je
l'attends. Je presse, je pousse, je lime ;
elle est , sacredieu , tortillée autour de

moi comme un serpent : il n'y a pas une ligne de perdue... Ah !... ah... mon ami, le... ah !... le duc ne le fait pas mieux que toi... Le prince m'aurait ratée là... L'ambassadeur ne m'a jamais tant fait décharger... (Je crus, ou le diable m'emporte, qu'elle allait me passer toute la cour en revue).—Quand nous nous fûmes bien convaincus que nous n'avions plus rien à nous faire, nous renouâmes conversation. Madame de *** abandonna cet air de dignité que je lui avais toujours vu. J'étais amant heureux ; elle m'en accorde toutes les prérogatives.

Comme je ne pouvais mieux faire ma cour qu'en l'entretenant de son crédit, je sus l'en faire parler ; j'avais d'ailleurs mon intérêt à pénétrer ses secrets, ses ruses, son manège ; je ne perdais point de vue mon objet principal, mon cher argent !... Mes connaissances devaient guider les manœuvres qui pouvaient m'en faire tirer parti. Le premier moment d'une jouissance, que je sais, à mon gré, rendre impérieuse et brillante , avait étourdi mon adorable. Mais les femmes dévorées d'ambition sont insensibles au plaisir; la vanité , l'intrigue absorbent toutes leurs facultés. Sans cesse livrée à l'envie, à la haine, les poisons de l'une, les poignards de l'autre, écartent les amours. Je ne devais donc m'attendre qu'à une jouissance froide, inanimée; je ne pouvais me flatter de la captiver par les sens, mais par ses propos; je lui reconnus de la suffisance, beaucoup d'estime d'elle-même , une vanité sans bornes, par conséquent une imagination resserrée , point de vue, où elles étaient courtes, aucun plan fixe.... Dès lors le mien fut formé de l'assujettir , de la maîtriser de m'en servir pour ma fortune, ou de la planter là, si elle n'était bonne à rien.

Quinze jours d'habitude me suffirent pour réussir; je sus faire goûter à madame de *** mes projets; elle adopta mes idées, en croyant ne suivre que les siennes; son secret fut dans mes mains sans que je la laissasse disposer du mien. Ce n'était pas tout, elle faisait des affaires, il fallait m'en rendre maître... Je n'avais qu'à vouloir... tout me fut remis. Dès lors, je devins l'arbitre des traités; je corrigeai le tarif (non pas, comme vous pensez bien, pour le diminuer), mes honoraires ne furent point oubliés, et ma patrone partageait en outre avec moi ce que ma conscience assez commode m'engageait à lui restituer.

Trop sage pour me mettre au grand jour, j'avais prévu que tout cela finirait mal ; que madame de *** porterait la peine de ses exactions ; je ne voulus donc aucune place. Faire et ne point paraître , c'est l'adresse des gens habiles. Avant de vous conter la catastrophe, je vous dois deux ou trois aventures dignes d'être distinguées de la foule qui s'est passée sous mes yeux.

L'abbé Ricaneau , connu de toute la terre , postulait depuis long-temps un bénéfice. Le sien était cependant bon ; mais le cher abbé , doué de vertu prolifique , faisait régulièrement quatre enfans tous les ans , et par principe de conscience, il payait les mois de nourrice avant d'enrichir la collection des enfans-trouvés. —On lui indiqua notre bureau, il vint me voir, la demande me parut simple, ses motifs excellens; je lui demandai un mémoire bien circonstancié ; le lendemain il me l'ap-

porta , et me tortilla un compliment
pour m'offrir une bourse dont la maigre
apparence fronça mon sourcil.—Ceci,
monsieur , lui dis-je , en la pesant , est
pour les menus frais... Etrennes de
portier , de valet de chambre , de mac-
quereau , de secrétaire. L'abbé trem-
blant n'osa me contredire... J'examinai
le mémoire; j'y trouvai des difficul-
tés... Il me pria d'appuyer , de porter
des paroles. En ce cas-là , l'abbé , vous
prenez le bon parti; vous voulez une abbaye de douze mille livres de rente...
Vous êtes de mes amis... mille louis,
elle est à vous.—Il se récrie. — Comment , monsieur , mais c'est à rien. J'en
suis fâché, je ne puis rien faire pour
vous; vous me rompez bras et jambes...
(Je sonne)... Le ministre ne m'a-t-il
pas demandé ? La réponse est connue...
Je prends mon chapeau ; l'abbé me ta-
lonne ; je le mène mal ; il se fâche ; je

parle plus haut que lui, et je le menace d'informer le teneur de feuille de sa conduite... Je marmote *lettres de cachet*... Il se sauve ; il court encore, et je garde la bourse, où je trouvai cent misérables louis que le faquin imaginait devoir payer une femme comme madame de ***.

Quelques temps après, on m'annonce une très-jolie femme ; mes yeux se dérident ; elle demandait pour son mari une lieutenance de roi achetée par vingt ans de service et de blessures. Vous croyez que la générosité va me parler ?... Parbleu, vous ne vous trompez pas ; je débute par tous les signes qui pouvaient mieux lui marquer ma bienveillance. Elle fut d'abord timide ; elle s'apprivoisa, nous nous apprivoisâmes, et devînmes si familiers en moins d'une heure, que nous ne fîmes plus qu'une même chair. — Comment, tu l'as foutue ? Non... je l'ai envoyée à quelqu'autre... Sacredieu, ne seras-tu jamais qu'un sot ?... C'est une des jolies remueuses que j'aie trouvée dans ma vie... Pour une provinciale, cette femme-là avait un vrai talent. — Au moins tu as fait son affaire sans lui demander de l'argent. — Oh ! cela, c'était juste, et nous convînmes seulement qu'elle écrirait à son mari de déposer dix mille livres chez un notaire, qui les remettrait à vue du brevet. Pour elle, je lui offris une boîte d'or, dont un faquin, qui voulait avoir des lettres de noblesse, m'avait fait présent le matin : elle valait vingt-cinq louis. Vous voyez que je suis généreux... C'était plus que l'intérêt de son argent.

Nos affaires allaient bien. Sous mon heureuse main le cuivre devenait or ; madame de *** m'adorait ; elle couchait avec l'univers ; mais j'étais le favori, car j'avais la bourse. Cependant je sentais quelquefois des soulèvemens de conscience, elle m'en guérissait bien vite : cela aurait pu tirer à conséquence pour sa cuisine. Je m'appliquai seulement à la mettre en avant, à ne jamais paraître, afin de me laver les mains sur tous les événemens.

Bien m'en prit... Voici le fait. Une femme jeune, riche, avait un amant. —Beau début ! Eh ! quelle est la sotte qui n'en a qu'un ? — Un mari jaloux. — Allons donc, quel conte ? — Foi d'homme d'honneur. Ces originaux-là sont rares, mais il y en a encore quelques-uns pour la conservation de l'espèce. Le susdit animal trouvait mauvais que sa femme couchât avec un représentant. Comme elle ne pouvait le supposer que fou, elle prit le sage parti de le faire enfermer ; elle vint me le proposer, et sur-tout d'éviter quelques petites formalités embarrassantes, qui auraient pu retarder, même déranger un projet aussi bien vu. Madame de *** la loue infiniment, d'autant plus qu'elle faisait bien les choses; elle asssurait à son mari six cents francs de pension et l'habillait très-proprement.

Je lui demandai quelques petites attestations faites par ces mains habiles, qui ne rougissent pas plus que le papier qu'elles emploient, et nous fixâmes tous les frais à dix mille écus; assurément c'était à grand marché. Enfin, huit jours après, mon vilain fut enlevé sans bruit, coffré et écroué par ordre du gouvernement. Sa femme pleura, réclama, fit le diable à quatre (mais de loin). Je lui rendis le service de lui faire imposer silence, et elle n'eut pas de peine à le garder.

Qui diable n'aurait pas cru cette affaire finie ! Ce vieux coquin devait crever, au moins devenir fou ; il avait le diable au corps, il n'en fit rien. Certain magistrat (M. L. N., lieutenant-général de police) fut visiter la prison ; je ne l'avais pas mis du complot. Cet homme-là est du vieux temps, il s'avise d'être vertueux, d'avoir dans le cœur cette humanité que les autres n'ont qu'à la bouche : il compâtit aux souffrances du coupable, mais il donnerait sa vie pour sauver celle d'un innocent. Il instruisit le ministre : celui-ci, dans un moment d'indignation, peut-être de crainte, nomma madame de ***, cria à la tromperie (pourquoi ne l'aurait-il pas fait ? je criais bien moi !). Elle fut sacrifiée, perdit sa place, et courut ensevelir dans ses terres sa honte et nos amours.

Vous croyez peut-être, mon cher, que je vais me pendre ?... Nenni, je vais compter mon argent... Vingt mille

écus en espèces sonnantes, des diamans, des bijoux... Ma foi, je suis
fâché du sort de cette pauvre femme;
elle m'aurait valu beaucoup...Paye-
rai-je mes dettes ?... Fi donc, cela
porte malheur : d'ailleurs, ces co-
quins d'usuriers s'imaginent-ils que
je leur donnerai mon sang, ma plus
pure substance à dévorer ?.... Qu'ils
attendent mon mariage ou mon tes-
tament... Pardieu ces tristes idées ont
abattu mon courage... Allons, allons,
volons au Potosi. cherchons quelque
mine nouvelle, et que l'or couronne
mes ardeurs !

Une fête d'apparat avait réuni la
cour et la ville : mes yeux errans
sur l'assemblée cherchaient un objet
qui les fixât : ils furent distraits quelques instans par des figures friponnes
et agaçantes... O Satan ! *vade retro...*
Déjà je sentais mon cœur s'épanoui

et ma bourse se vider... Enfin arrive avec bruit madame de Cul-Gratulos, son état l'oblige d'assister au spectacle; sans cela elle est trop régulière pour chercher le plaisir en public. Placé dans une loge où elle entrait, je fus assez heureux pour que mes prévenances ne restassent pas sans effet. Ce n'est pas que sa figure me tentât... Représentez-vous, mon ami, une tête, un cou, un corps et un cul tout d'une pièce; faites de tout cela un paquet mal fagotté; ajoutez-y des bras grossiers et de couleur bleu-pourprin; attachez-y de grosses cuisses, de vilaines jambes; percez à son visage des trous bizarrement placés pour faire des yeux; mais dont l'un immense annonce pour ailleurs la grande mesure; barbouillez cela de rouge et de tabac; coiffez-le d'une perruque ébouriffée, et puis par là-dessus des plumes, de la gaze, du ruban, des diamans... Voilà la comtesse physique. — Et la comtesse moral? — Foutre, ne parlons pas si haut... Savez-vous bien que c'est une grande dame; elle est haute comme le temps (quoiqu'elle ne soit pas si ancienne), ses valets sont aussi ventre-à-terre devant elle, qu'elle-même devant les puissances; elle *monseigneurise* son carrosse, ses chevaux, son mari, son père, son grand-père même; mais elle ne remonte pas plus haut; car elle craint les chutes : au reste, méchante, hargneuse, impudente avec effronterie; opiniâtre avec emportement et toujours avec bêtise; dévote avec ostentation... Chacun de ses valets met à la quête un écu qu'elle leur distribue: pour elle, l'or brille toujours dans son offrande hypocrite...

Mais, que veux-tu faire d'un pareil monstre ? — Ce que j'en veux faire ? Parbleu , belle demande ! La piller, la gruger, et me foutre d'elle tout en la foutant.

Le spectacle finit tard; elle m'invita à souper du ton dont on donne un ordre. J'étais au fait, je m'humiliai, je me confondis : sans lui offrir ma main, je lui fis faire place à la sortie; je la vis entrer dans sa chaise qu'escortaient quatre valets, chapeau bas, et je me rendis chez elle.

L'assemblée était cérémonieuse , par conséquent fort triste; le souper fut d'un compassé assommant : on y mangea peu; on y parla moins; le lever, la chasse, le coucher, quelques nouvelles rabattues , débitées d'une voix tramante... Des hommages à madame, terminèrent la séance; mais non pas pour moi. Comme tout chez la comtesse se fait dans l'ordre,

un valet-de-chambre m'avait prévenu
que mademoiselle Branlinos avait à me
parler, avant que je sortisse, (ne vous
étonnez pas de ce nom, c'est la première femme de la comtesse.)

Après avoir fait mon compliment à
celle-ci, je me rendis chez la susdite,
qui, sans détour, m'annonça que j'é-
tais destiné pour cette nuit aux plaisirs
de Madame, et qu'elle avait reçu ordre
de me préparer. — Pardieu, lui dis-je,
ma charmante, je ne m'attendais pas
à tant d'honneur ; mais soit fait comme
vous le voulez. — Nous entrons dans
un cabinet de bain, où j'en trouve un
tout prêt. Branlinos ferme la porte sur
nous et m'aide à me déshabiller... J'hé-
sitais à me mettre absolument nu devant cette fille très-jolie, et qui n'avait
pas plus de vingt ans, quand elle me
dit :..... Eh ! monsieur, dépêchons-
nous, il faut que je vous prépare. —

Ah ! foutre, mademoiselle, et moi que je vous essaye... Je la campe sur le lit de bain, et je la fous... Le jeu ne lui déplut pas; il m'amusait assez... Il fallut cependant songer à la préparation... Branlinos entra dans le même bain que moi, en me disant que je l'avais souillée, et m'avertissant qu'elle couchait en tiers avec nous... Ce procédé me parut nouveau; mais la diablesse garde le *tacet* en étouffant de rire. — Enfin, bien lavés, bien essuyés, bien parfumés tous deux, elle se sauva de crainte de nouvelle pollution, et cinq minutes après vint me prendre.

J'arrive dans la chambre à coucher; la comtesse était déjà au lit; elle me tend une main que je baise avec autant d'ardeur que si elle eût été jolie. Je me place d'un côté, Branlinos de l'autre. La comtesse était plus humanisée; mais le *décorum* subsistait toujours... A la

preuve. — Mon cœur, dit-elle à Branlinos, voyez s'il bande. — (La petite
me touche... et sacredieu, je dresse au
même instant)... Ah! madame, comme
un ange, s'écrie Branlinos... Alors
Cul-Gratulos fait demi tour à droite et
me présente... Devinez. — Quoi donc.
— Sacredieu, que tu est bête! — Ma
foi, je ne sais pas. — Son cul. — Son
cul? — Oui, foutre, son cul... Amas
énorme de chairs mollasse et tomban-
tes... Je débande net... Branlinos qui
s'en douta, d'une main me prête son
secours, de l'autre entr'ouvre le gouf-
fre; je m'y jette en grinçant les dents...
Et j'étais au milieu que je ne m'en dou-
tais pas encore... *O attitudo!*... Branlinos s'était remise à son poste; sa main
agile branlait madame à toute étreinte,
pendant que je la limais à suer dans mon
harnois... Le moment de la décharge
approche... Avez-vous jamais été ré-

veillé par le grondement d'une porte
mal graissée sur ses gonds rouillés ?...
Voilà la passion de ma belle, et les
douceurs qu'elle me débitait... Cependant, quand cela fut fini et qu'elle fut
retournée, elle me fit la grâce de m'embrasser... Pouah !... Ma foi, j'aimais
mieux l'autre. Encore était-il parfumé ;
mais la bouche avait usurpé son goût.

Après un moment de conversation,
il fallut recommencer ; même cérémonie : sa façon à elle est uniforme, et le
diable m'emporte, depuis le baiser, je
ne la trouvais plus si ridicule. Mais
voici bien une autre histoire ; elle me
place entre elle et Branlinos ; me tourne,
tout comme à Berlin, admire ma chûte
de reins... Je crus être au second tome
de la Vit-au-Conas... Non, j'en fus
quitte pour la peur... Tout-à-coup,
par inspiration... mon chat, me dit-
elle, veux-tu foutre Branlinos ?... Par-

dieu, je tope à la proposition... Mais je sens que l'on me farfouille... Sacredieu, la bougresse me donnait le postillon : son gros vilain doigt me sondait d'importance. C'était pour me faire avaler la pillule qu'elle me laissait foutre la petite ; et, dans le fait, cela ne nuisait pas. — Cul-Gratulos ne se lassa que quand je fus rendu de fatigue : le jour paraissait ; je lui laissai prendre du repos, en me retirant. Le secret me fut recommandé de la manière la plus forte, et je l'ai bien gardé.

Les jours suivans furent marqués par les mêmes aventures. L'or me dédommageait, car elle en répandait à foison. Branlinos soutenait mon courage et me faisait bander. Au reste, la comtesse n'en était pas moins dévote, ni moins impertinente, même vis-à-vis de moi.

Mon quartier fini, elle partit pour

les eaux de Barèges, en me comblant de présens, mais avec cet air qui en ôte tout le mérite ; je reviens à Paris.

Rendu dans cette Babylone, qui ne renferme plus de corruption qu'ailleurs, que parce qu'il a plus de monde (car les vices plus rassemblés en produisent de nouveaux), pendant huit jours je fatiguais chevaux et valets à faire inscrire mon nom chez toutes les coquettes et les coquines de Paris. Quinze jours se passèrent sans aventures curieuses. L'ennui me gagnait ; je jouai, je perdis, et dès-lors j'abandonnai ce moyen de conservation qui m'aurait dévoré mon or. Pour le conserver, il n'y avait qu'un moyen, la fuite. C'était un parti violent, et je balançais.

Déjà le soleil dorait les moissons, les grâces se retiraient aux bocages ; toutes les femmes volaient à la campagne, les unes par désœuvrement, d'autres par habitude ; celles-ci pour opérer une révolution. De si grands exemples me déterminèrent ; quelques légères excursions préparèrent ma retraite ; je voltigeai ; mais souvent bien différent de l'abeille industrieuse ; je ne pompai que des sucs soporifiques ; encore l'ennui me fit-il bâiller sans m'endormir.

Vous connaissez comme moi ces palais enchantés que la Seine voit sur ses bords dans sa course tranquille... Hélas ! un art cruel nous y poursuit encore, il étouffe la nature en croyant l'embellir. L'ennuyeuse symétrie a dessiné ses parterres émaillés de sables stériles, et ses tristes gazons dépouillés de leur verdure.... Des murailles de charmille ne permettent point aux zéphirs de caresser le sein de Flore, la rose se flétrit sans honneur dans ces vases qui la gênent, pour la rassembler en bouquets. De longues allées ne semblent m'offrir un point de vue délicieux, que pour l'isoler et le rendre monotone. — J'entre dans un bosquet, des arbustes fatigués y prêtent à regret leur ombrage ; des entraves de fer asservissent leurs branches courbées ; le chèvre-feuille n'y rampe point parmi le feuillage ; la tulipe y est sans couleur ; la violette sans parfums... Je me sauve dans un bois... Eh quoi ! — Toujours de l'industrie, jamais de surprise... La main de l'architecte a décoré ces salles tristement superbes ; la règle impérieuse a tracé leurs contours ; la serpe, la faulx ont mutilé les driades gémissantes pour arrondir ces colonnes ou former des amphithéâtres. —J'entends le bruissement des eaux... Hélas ! la Nayade en pleurs n'y roule point ses flots argentés ; mille canaux emprisonnent son onde ; des formes bizarres , des bouches d'airain l'élancent dans les airs ; elle retombe brisée dans ces bassins où elle se perd sans pouvoir arroser le bocage qui la désire... O hommes ! votre despotisme réduira donc tout à l'esclavage !..J'erre dans les détours d'un labyrinthe compassé ; la fauvette légère , le pinçon joyeux n'y trouvent point d'asile pour leurs amours. Philomèle seule y fait quelquefois entendre les sons de sa douleur ; et la nuit , quand Phœbé fait régner le calme et le silence, le triste coucou présage au maître de ces lieux ses hautes destinées.

Que je suis loin, grand dieu ! de cette douce mélancolie , où l'âme attendrie perd le sentiment douloureux de ses peines ! où des larmes involontaires , mais précieuses , dégonflent la poitrine oppressée et rafraîchissent la

paupière!... Je suis sombre : mes pen-
sées tumultueuses s'agitent, se cho-
quent, se confondent; je reviens à pas
lents, l'air rêveur, la tête penchée...
Je rentre dans un sallon brillant d'or
et de glaces, elles me retracent vingt
personnes qui fixent un tapis vert... O
source nouvelle d'ennui, de consomp-
tion!... Je reviens à la ville; toute la
vitesse de mes chevaux ne me sert pas
à mon gré : je suis à peine arrivé, que
je voudrais être ailleurs; je cherche
avec ardeur des objets nouveaux...Ah!
il n'en est point qui puissent guérir un
cœur blâsé sur tout.

Essayons du moins de le distraire.
Fuyons, fuyons la perfidie des cours,
le tumulte des villes. Cherchons une
retraite... Je l'ai trouvée; j'y vole sur
les ailes de l'espérance et du désir.

Au milieu de ces riches contrées que
la Marne indocile fertilise dans son

cours, s'élèvent des murs bâtis par nos aïeux; leur superbe apparence semble annoncer la demeure des rois... Non, c'est le séjour tranquille des réponses chéries du dieu de paix... C'est l'abbaye de ***; la tante d'un de mes amis en est abbesse. Je suis annoncé par lui comme un homme aimable. Je suis désiré; j'arrive... Le bruit d'une voiture qui vient au galop, plus encore celui des valets, qui croient honorer leur maître par leur tapage, avaient fait événement. Tout dans le couvent se met sous les armes; la discrète se prépare à exercer sa langue... Un homme de cour! Qu'il va m'en conter de belles!... La nonnette jolie rattache sa guimpe légère avec art, avec coquetterie.... Toutes veulent plaire; toutes volent au parloir. Madame la dépositaire es députée pour me faire les honneurs un compliment agréable et benin m

Je puis mourir, mon doux Jésus!... je me meurs !!!

montre que l'on est prévenu en ma fa
veur.

Enfin, madame l'abbesse arrive à la grille, et l'essaim disparaît par discrétion et par respect. — Sacredieu , la charmante figure !... lis son portrait, lis et meurs d'envie.

Elle achève à peine son cinquième lustre ; la fleur de la santé s'unit sur son visage à celle de la jeunesse. Un teint brillant, des yeux les plus beaux du monde et noirs comme geai ; la bouche mignonne et bordée de roses , des dents d'ivoire qu'un sourire enchanteur laisse admirer.... Au reste, un genre de coquetterie inconnu dans le monde, réservée pour le cloître. Sa robe, tissue d'une gaze diaphane, se drappe en longs replis ; une ceinture dorée semble moins faite pour marquer sa dignité , que pour faire valoir une taille divine. La batiste la plus blanche forme son bandeau ; sa guimpe se replie pour dessiner des tempes et arrondir davantage un ovale délicieusement tracé ; elle s'échappe ensuite et voltige au gré des zéphirs ; mille amours nichés çà et là rentrent, sortent, ébouriffent tout, et tout n'en va que mieux.

Est-ce que tu t'aviserais de faire le second tome d'Abailard ? — Ma foi, je n'en sais rien... Mais dussai-je chanter clair, je foutrai ma charmante abbesse, ou nous verrons pourquoi. — Les complimens furent ce qu'ils devaient être, joliment tournés de la part de la nonne et galamment de la mienne. La connaissance fut bientôt faite ; j'apportais des nouvelles, et l'abbesse était trop instruite pour ne pas s'apercevoir que mon âme était dans mes yeux... Mais elle n'était sacredieu pas morte autre part, et je bandais à crier... Sublime effet de la vertu ! Vierges immaculées ! les corpuscules saints qui s'exhalent de vos blancs tetons ont agité, pénétré tous mes sens... Puissé-je rassembler toute la vigueur d'un carme dans ses premières années, et retracer à vos c... profendus la valeur et les assauts du père Tapedru !

Je ne parlerai pas des fêtes qui me furent données, des concerts où je tins ma partie. Ma voix mâle et sonore, mes accens prononcés se mêlèrent à ceux de ces filles timides... Tel un satyre effronté, se glissant au milieu des nymphes, commence par les étonner, en vain elles veulent fuir ; un attrait puissant retient leurs pas ; s'ils deviennent plus chancelans, c'est l'ouvrage du désir... et les cris que les belles poussent ensuite ne sont pas d'effroi.

O mon ami ! la jolie chose que d'être au milieu d'un sérail où vingt nonnettes se disputent le prix de la beauté! Leurs yeux, moins agaçans que ceux de nos femmes, respirent une tendre langueur. Plusieurs même, innocentes encore, éprouvent des mouvemens jusqu'alors inconnus... Dieu! quelle expression touchante!... Foutons, foutons... O mon v..! déploie tes ressorts de fer! que tout cède à ton impulsion puissante!.... Evoë Amour!.... Evoë Priape!

Je me couchai roulant à part ces vastes projets. La moire tapissait ma chambre, le goût l'avait assortie; la simplicité, la propreté scrupuleuse y régnaient, et la mollesse y reposait sur le duvet le plus fin. Je ne dormis point; j'étais enchanté, enivré... Une légère indisposition, peut-être de commande, retint le lendemain madame l'abbesse au lit. J'eus permission d'aller lui faire ma cour dans son appartement. Que devins-je! ô ciel, que devins-je ! Elle était belle comme un ange, et de la beauté la plus touchante... J'oubliai jusqu'au motif qui m'amenait ; elle me tendit la main, en s'informant de ma santé ; je baisai cette main avec un feu, une ardeur... L'abbesse soupira... Un soupir fut ma réponse...Nous étions seuls; ses yeux à demi-clos, ses longues paupières abattues, le gonflement, la palpitation d'un sein d'albâtre que couvrait encore un voile opportun, tout semblait m'enhardir.... Hélas ! j'étais timide. Julie ! Julie ! ainsi jaillirent les premiers transports de nos feux... Je me jetai à ses genoux; mes lèvres brûlantes couvrirent cette main que je n'avais pas quittée, que l'on ne s'était pas efforcé de m'arracher... Dieu ! elle se pâme... elle se meurt... Le premier mouvement m'emporte... je m'écrie... Ses femmes arrivent... Des sels, des eaux, des senteurs... tout est sous mes mains. — Ce sont les vapeurs de Madame, s'écrie une assistante. — Ah! foutue bête, me dis-je à moi-même... Mais foutre, ce n'est pas son dernier accès. — Au bout d'un demi-quart d'heure elle revient à elle; elle est pâle..... mais c'est de la pâleur des amans; quelques larmes ont mouillé ses beaux yeux... Qu'ils sont touchans! ils semblent implorer... Nous redevenons libres... Hélas! dit-elle, je suis bien malheureuse : ces spasmes violens m'anéantissent... et l'on ne peut en deviner la cause. Vois la rougeur qui colore ses joues : son pouls est plus animé; mon cœur bat; je m'approche davantage... Quelques coussins dérangés m'offrent un prétexte; j'ose avancer ma main pour la replacer, pour la soutenir... Un mouvement me livre sa gorge... C'est celle de Polignac. L'ivresse me saisit ; je presse sa bouche de ma bouche amoureuse ; ma langue lui fait éprouver des tressaillemens voluptueux ; j'avance vers le sanctuaire ; un doigt y pénètre... Il tremble , et ce tremblement l'émeut davantage...C'en est fait...Je l'ai remplacé...Dieu ! dieu ! Quelle jouissance !... O mon sauveur, dit-elle, ah !... ah !... O bonheur !... Je puis mourir... Mon doux Jésus !... Ah ! cher ami ! je meurs... Les sensations étaient trop vives , trop multipliées, trop nouvelles... Mon âme ne pouvait y suffire , je m'évanouis très-sérieusement... Mon abbesse effrayée sonna sans doute sa confidente ; je me retrouvai dans leurs bras ; les baisers de ma charmante abbesse me rappelèrent à la vie ; mais en même temps ils me remirent dans un état si ferme, que la discrète jugea prudemment que je n'avais plus besoin de sa présence.

Nous nous réitérâmes plus d'une fois l'abbesse et moi des sermens de nous aimer toujours, et toujours la conviction suivait de près.

Les coulis, les restaurans les plus actifs me furent prodigués. Je passai la journée comme la matinée, et la nuit fut aussi heureuse. Les jours suivans, des amusemens sans nombre me furent préparés : la chasse, la pêche, mille et mille jeux... Tant de plaisirs m'attachaient encore à mon abbesse ; elle était voluptueuse, mais sans art, sans raffinement ; mes conseils lui plaisaient ; mes leçons l'enflammaient ; elle y gagnait beaucoup, et je n'y perdais pas. Son beau corps svelte et flexible ; ses membres délicats s'enlaçaient, se pliaient sur les miens, et ce n'était que dans mes bras qu'elle goûtait le repos... De bonne foi, je lui aurais gardé fidélité ; mais l'humanité s'y opposait.

De jeunes cœurs soupiraient en secret pour moi : fallait-il les laisser se consumer, se flétrir ?... Non, je suis trop complaisant. Mon commerce avec l'abbesse s'était réglé ; je lui donnais les nuits, et j'employais mes jours ailleurs. Dortoirs, cellules, tout m'était ouvert, et j'en profitai. S'il m'en souvient, la première que j'ai foutue fut une discrète. — Une discrète ? tu badines. — Non, pardieu ; c'était notre confidente ; fille mûre de quinze à cinquante-cinq ans... Voici le fait : elle s'était chargée de mes déjeûners. Un jour qu'emporté par la chasse, j'avais manqué mon heure ordinaire, je revins au moment où la bonne mère Saint-François ne m'attendait plus... J'entre sans bruit ; elle était étendue dans un grand fauteuil, le dos tourné vers la porte, et troussée jusqu'au nombril, les cuisses écartées, et re-

muait de toute sa force... Devines. —
Quelle demande! Un godemiché. —
Tout juste... Je ferme la porte avec
précipitation; elle n'a que le temps de
baisser ses cottes, et laisse le fer dans
la plaie... Rouge comme un chérubin,
elle se lève, fait deux pas, serre les
cuisses, et moi, que le diable inspire,
je la prends par-dessous les bras si les-
tement que Priape quitte prise et
tombe au milieu de la chambre. Ah !
ma mère en Dieu, n'êtes-vous pas bles-
sée?... Peste, dis-je en ramassant le
poupon, voilà une rude fausse-cou-
che... Et foutre, ma bonne, ne vous
étonnez pas, j'ai tout vu ; je vous ai
fait rater, il faut que je vous achève. —
Je la campe sur son lit, et je lui fais
deux fois la douce affaire : c'était autant qu'il lui restait de dents. Le bon
dieu vous le rende, me dit-elle avec
attendrissement. Je ris et j'aperçois

au fond de sa bouche un petit chicot ;
je me rappelle la vieille histoire ; une
noble émulation m'enflamme, d'ailleurs j'avais besoin d'elle ; elle était
maîtresse des novices... J'arrachai le
chicot ; mais il tenait diablement fort ;
je crois n'avoir eu de ma vie autant de
peine

Passons sous silence quelques aventures communes ; je baisai la sœur
Saint-Jean porte-Lapine, sœur Mag-
delon, mère Saint-Bonaventure, *et
cætera*. Le dortoir, le jardin, la dé-
pense et l'apothicairerie, furent tour-
à-tour mes théâtres ; mais parlons des
novices.

Elles étaient cinq, et parmi elles,
sœur Agathe, sœur Rose et sœur Agnès
se faisaient distinguer. C'étaient les
plus jolies enfans du monde. Les deux
premières, éveillées, petites commè-
res, s'aimaient à la fureur et se cares-

saient de même, faute de mieux. Sœur
Agnès était amoureuse de moi, ne di-
sait rien et pleurait d'autant. Un jour
de grande récréation, je trouve le
moyen de la chambrer. — Qu'avez
vous belle Agnès ? — Hélas ! je n'en
sais rien. — Depuis huit jours vous
êtes toute changée, vous que l'on
voyait sans cesse rire, folâtrer ; vous
rêvez. — Hélas ! — Vous soupirez...
Agnès ! Agnès ! vous n'avez point de
confiance en moi... moi qui vous aime
tant. — (Ses joues se colorent). Vous
m'aimez ! O, mon dieu ! si cela était !
— Agnès, serait-ce vous offenser ?
Hélas ! ce n'est pas ma faute ; vous êtes
si aimable. (Je prends sa main.) —
Oh ! laissez-moi... Sainte Vierge. (Elle
se lève.) — Ma sœur, je le vois, vous
avez peur de moi ; je vous suis odieux.
Eh bien ! je me retire. — Comment tu

t'en vas ? — Foutu bête !.,. La pauvre enfant ! elle est à moi ; je n'aurais pas le temps de la pousser à bout ; à la première séance, elle est dans mon sac.

La maîtresse des novices me fournit quelques jours après une bonne occasion, (vous savez qu'elle est de mes amies). On devait chanter un motet au chœur ; le maître de musique n'était pas venu ; elle me confie Agnès pour la faire répéter, et sortit en tirant la porte sur nous. — Eh bien ! ma belle Agnès, êtes-vous toujours aussi cruelle ? (Elle baisse les yeux)... Que je suis malheureux ! vous me détestez ! Oh ! le bon dieu le sait, (et ses mains s'élèvent vers le ciel.) — Agnès, vous m'avez fait répandre bien des larmes. — Et moi !... Ah ! comme j'ai pleuré, (et ses pleurs coulent encore). — Si vous vouliez, hélas ! nous nous consolerions... Ou, sans cela, il faut que je meure. O mon Jésus ! vous mourir !... Non, non, ce sera moi. — Vous, Agnès ! vous que j'aime plus que ma vie ; (je la saisis, je l'attire sur mes genoux... Vois, ah ! vois donc son col collé contre moi, sa tête penchée sur mon visage, ses beaux yeux bleus pleins de larmes!). Agnès, mon seul amour !... ah ! dis-moi que tu m'aimes. — Méchant ! vous en doutez ?... Sa bouche me caresse : l'innocent ne connaît aucun mal aux élans de mon cœur... Son heure est arrivée ; je la couvre de baisers ; je fais passer dans son sein l'ardeur qui me dévore ; je l'énivre de caresses et d'amour; j'écarte tous les voiles ; que de trésors me sont livrés !.... La pudeur ne gémit point... Elle ne se connaît plus... Rapide comme l'éclair,

je déchire la nue... et le cri qu'Agnès
laisse échapper, est le signe de ma
victoire.

FIN DE TOME PREMIER.